Zusammenzählen und wegnehmen

1

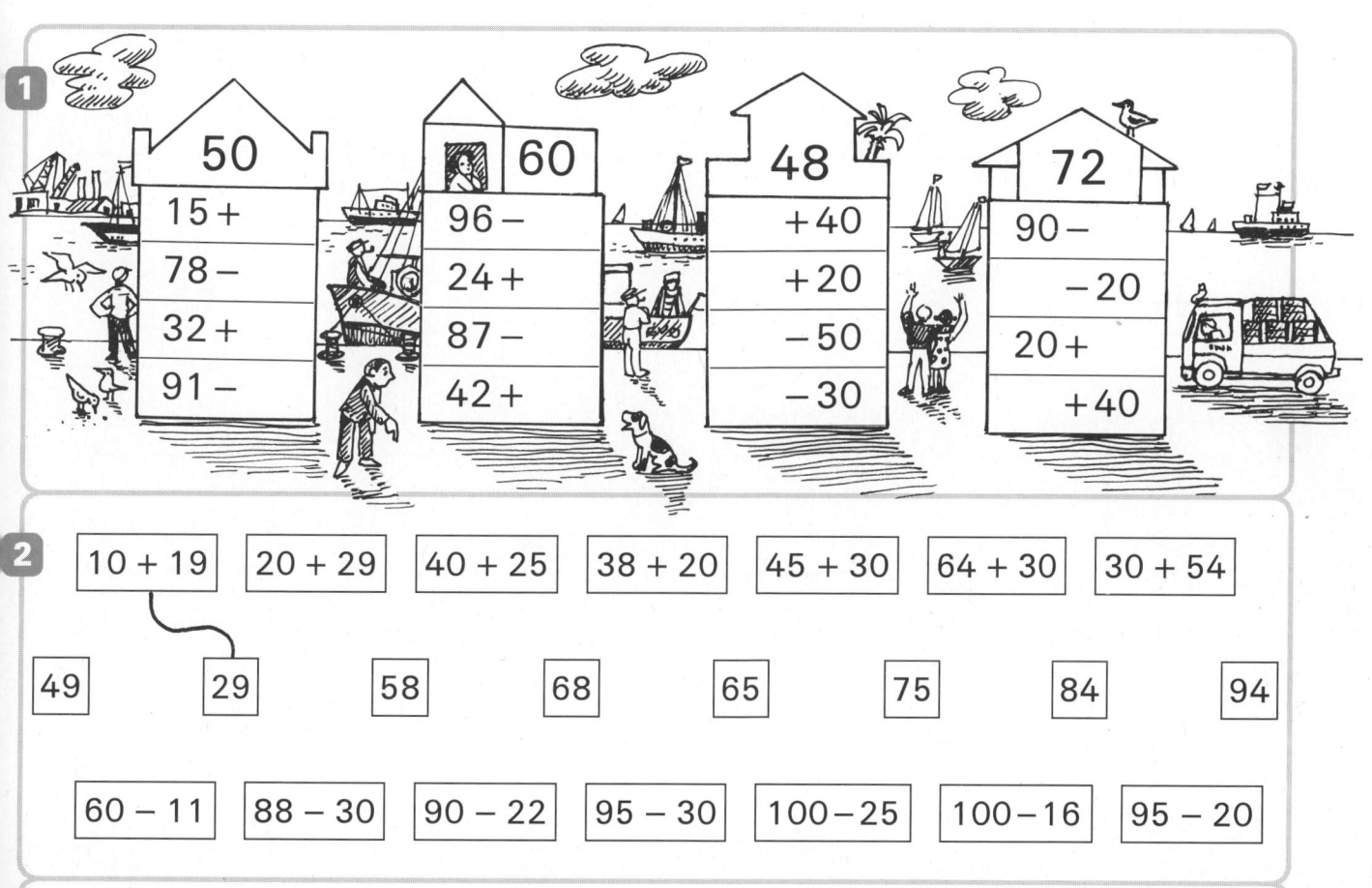

50	60	48	72
15 +	96 −	+ 40	90 −
78 −	24 +	+ 20	− 20
32 +	87 −	− 50	20 +
91 −	42 +	− 30	+ 40

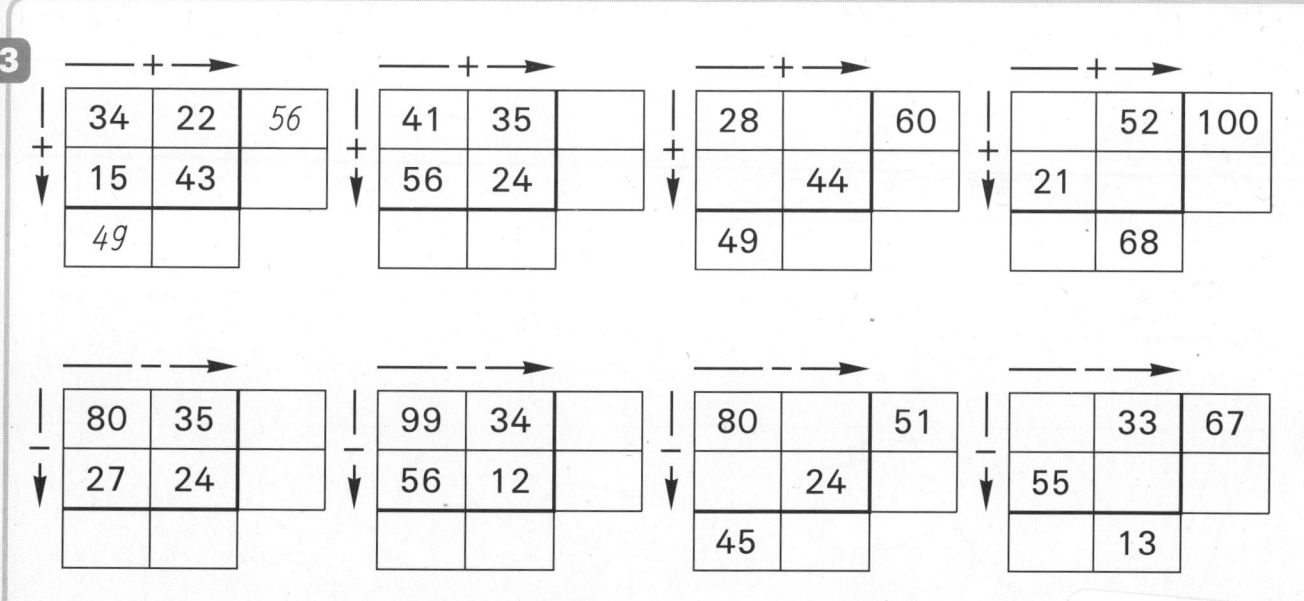

2

10 + 19   20 + 29   40 + 25   38 + 20   45 + 30   64 + 30   30 + 54

49   29   58   68   65   75   84   94

60 − 11   88 − 30   90 − 22   95 − 30   100 − 25   100 − 16   95 − 20

3

34	22	56
15	43	
49		

41	35	
56	24	

28		60
	44	
49		

	52	100
21		
	68	

80	35	
27	24	

99	34	
56	12	

80		51
	24	
45		

	33	67
55		
	13	

4

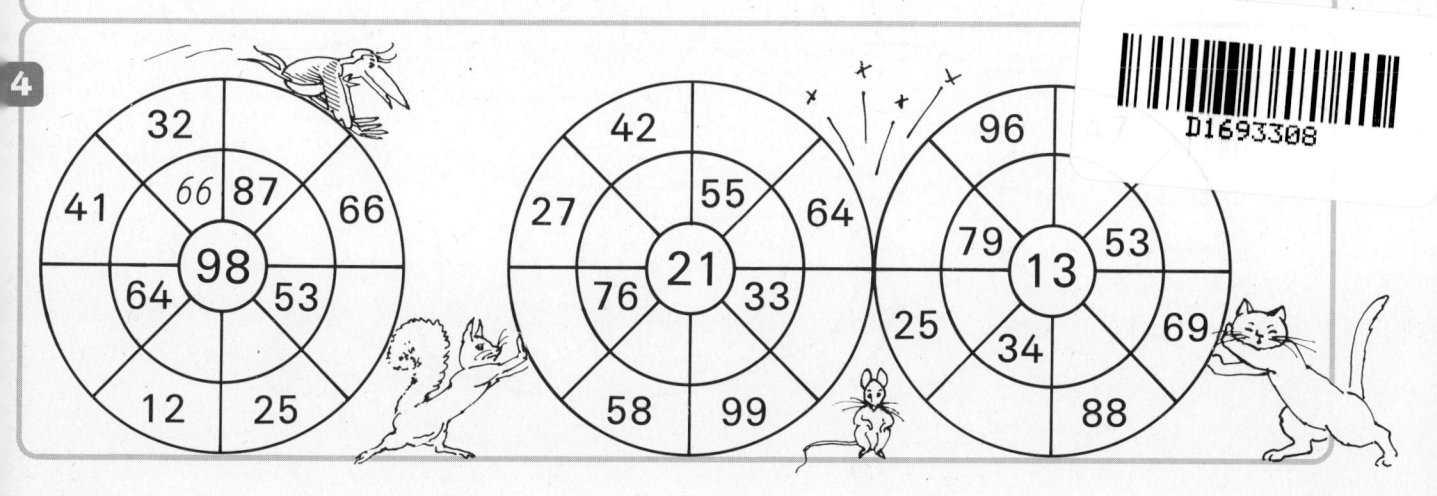

Kreis 1 (Mitte 98): 32, 87, 66, 53, 25, 12, 64, 41; innen: 66
Kreis 2 (Mitte 21): 42, 55, 64, 33, 99, 58, 76, 27
Kreis 3 (Mitte 13): 96, 53, 69, 88, 34, 25, 79

zu Seite 5

Zusammenzählen und wegnehmen

1

+25		+36		−35		−47		−28	
38		17		51		92			28
47			64	83		65		96	
69		56		74			39	75	

2

+	26	43	18	39
23				
38				
46				

+	48	36		27
17		36		
49				
		70		

3

−	17	64	57	46
93				
84				
72				

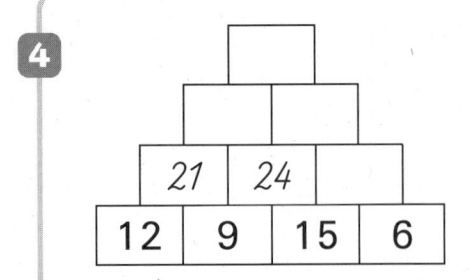

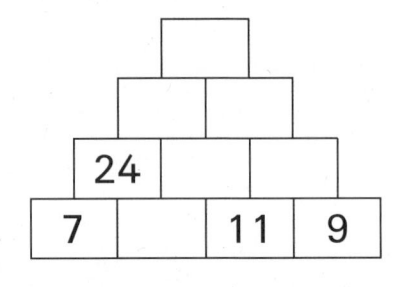

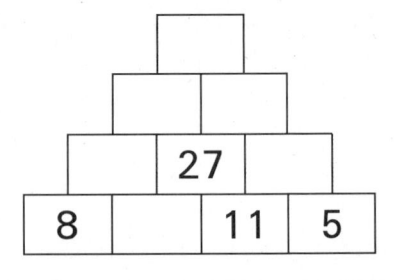

−	58	36	29	
65				
	13			
86				39

4

Pyramide 1: 12, 9, 15, 6 / 21, 24
Pyramide 2: 7, _, 11, 9 / 24
Pyramide 3: 8, _, 11, 5 / 27

5

57: blau   **44**: grün   **16**: grau   **65**: rot   **50**: braun

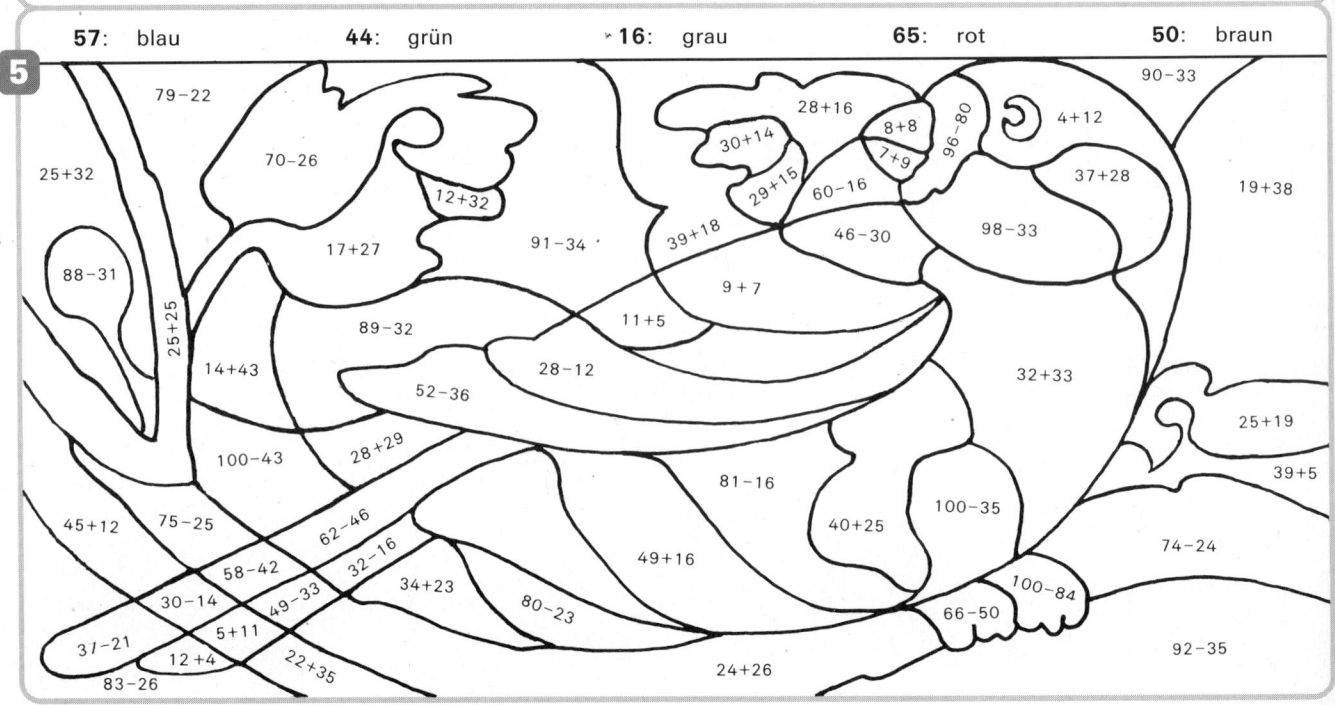

79−22, 25+32, 70−26, 12+32, 28+16, 30+14, 8+8, 96−80, 4+12, 90−33, 29+15, 7+9, 37+28, 19+38, 88−31, 25+25, 17+27, 91−34, 39+18, 60−16, 46−30, 98−33, 89−32, 9+7, 11+5, 14+43, 28−12, 32+33, 52−36, 25+19, 100−43, 28+29, 81−16, 45+12, 75−25, 62−46, 49+16, 40+25, 100−35, 74−24, 58−42, 32−16, 34+23, 100−84, 30−14, 49−33, 80−23, 66−50, 31−21, 5+11, 92−35, 12+4, 22+35, 24+26, 83−26

zu Seite 6

Malnehmen und teilen

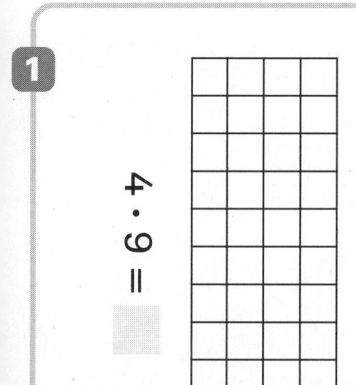

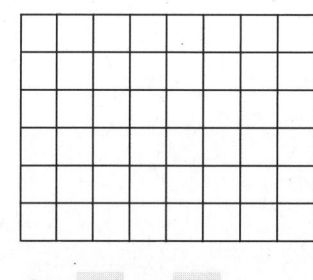

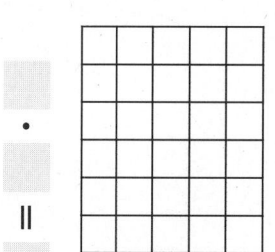

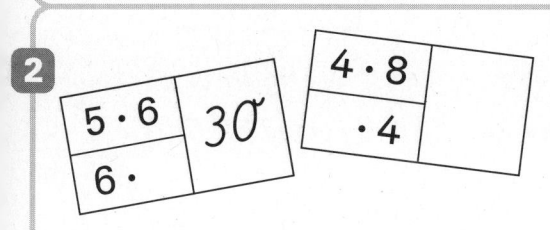

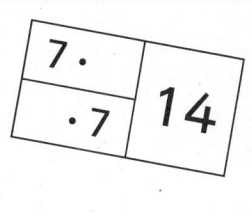

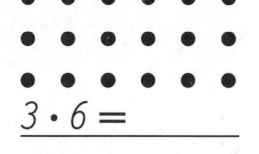

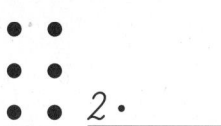

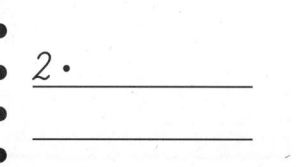

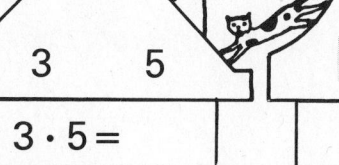

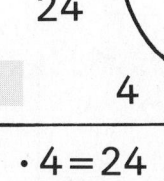

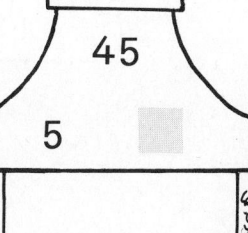

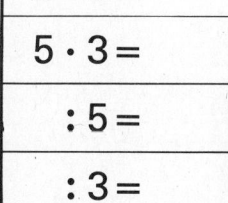

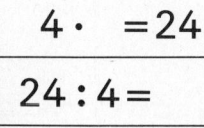

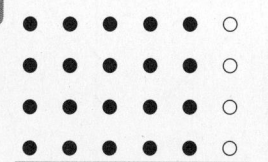

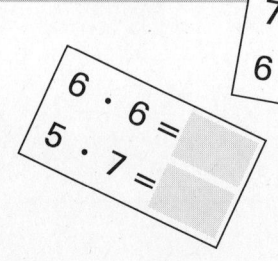

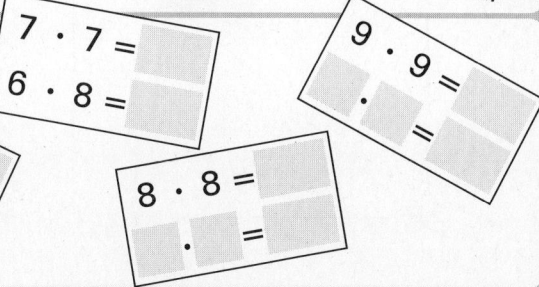

1

4 · 9 = ☐   9 · 4 = ☐

☐ · 8 = ☐   6 · ☐ = ☐

☐ · ☐ = ☐   7 · ☐ = ☐

2

| 5 · 6 | 30 |
| 6 · ☐ | |

| 4 · 8 | |
| ☐ · 4 | |

| ☐ · 5 | 45 |
| 5 · ☐ | |

| 7 · ☐ | 14 |
| ☐ · 7 | |

| ☐ · 8 | 72 |
| ☐ · ☐ | |

3 Aufgabenfamilien: ein Bild – vier Aufgaben

3 · 6 = _____
_____
_____
_____

2 · _____
_____
_____
_____

_____
_____
_____
_____

4

House 1: 15 / 3, 5
3 · 5 =
5 · 3 =
☐ : 5 =
☐ : 3 =

House 2: 24 / ☐, 4
☐ · 4 = 24
4 · ☐ = 24
24 : 4 =
24 : ☐ = 4

House 3: ☐ / 4, 8

House 4: 45 / 5, ☐

5 Was fällt dir auf?

5 · 5 =
4 · 6 =

7 · 7 =
6 · 8 =

6 · 6 =
5 · 7 =

9 · 9 =
☐ · ☐ =

8 · 8 =
☐ · ☐ =

zu Seite 7/8

Prüfzahlen

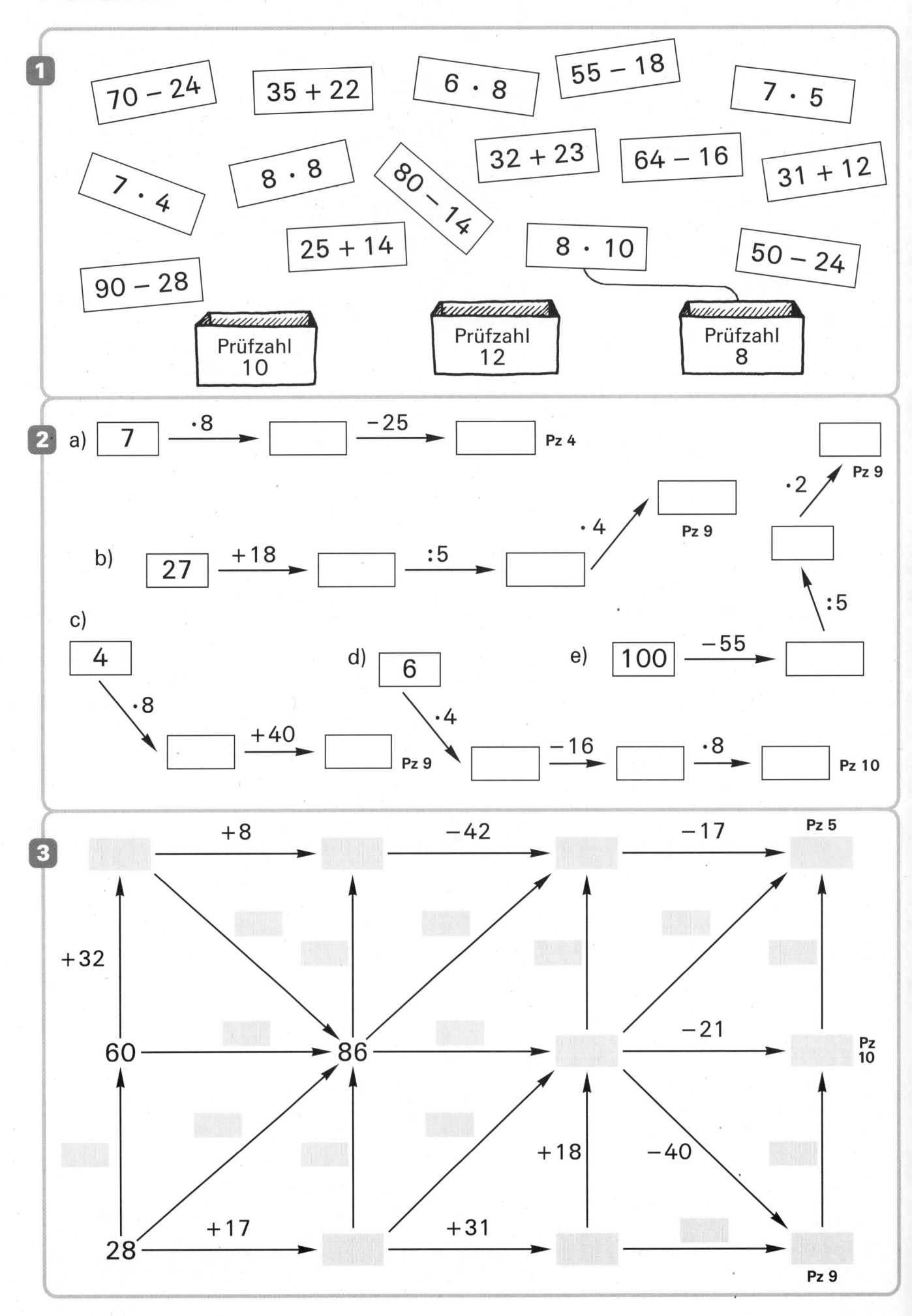

1

70 − 24   35 + 22   6 · 8   55 − 18   7 · 5

7 · 4   8 · 8   80 − 14   32 + 23   64 − 16   31 + 12

25 + 14   8 · 10   50 − 24

90 − 28

Prüfzahl 10   Prüfzahl 12   Prüfzahl 8

2

a) 7 →·8→ ☐ →−25→ ☐ Pz 4

b) 27 →+18→ ☐ →:5→ ☐ →·4→ ☐ Pz 9 →·2→ ☐ Pz 9 ←:5← ☐

c) 4 →·8→ ☐ →+40→ ☐ Pz 9

d) 6 →·4→ ☐ →−16→ ☐ →·8→ ☐ Pz 10

e) 100 →−55→ ☐

3

☐ →+8→ ☐ →−42→ ☐ →−17→ ☐ Pz 5

+32 ↑

60 → 86 → ☐ →−21→ ☐ Pz 10

+18   −40

28 →+17→ ☐ →+31→ ☐ → ☐ Pz 9

4   zu Seite 9

Sachaufgaben

1

In der Klasse 3a sind 27 Kinder.
Jedes Kind braucht heute ein Springseil.
Wir haben 40 Springseile gezählt.

Springseile
25 gelbe
20 rote

Bälle
15 blaue
10 rote
20 gelbe

a) Andrea und Susanne haben in der Sporthalle ▯ Springseile gezählt. In der Klasse 3a sind ▯ Kinder. Jedes Kind soll ein Springseil bekommen.

Frage: Wie viele Seile sind übrig?

Rechnung:

Antwort:

b) Im Ballwagen liegen ▯ rote Bälle, ▯ gelbe und ▯ blaue Bälle.

Frage: Wie viele Bälle sind es insgesamt?

Rechnung:

Antwort:

c) Die Sportlehrerin prüft die Bälle. 29 Bälle sind in Ordnung, die anderen müssen aufgepumpt werden.

Frage:

Rechnung:

Antwort:

2 Am Ende des Schuljahres zählt der Hausmeister alle Reifen. Es sind noch 26. „8 Reifen fehlen", sagt er.

Frage:

Rechnung:

Antwort:

3 In der dritten Stunde haben zwei Klassen Sport. Die 4a braucht 12 Turnstäbe, die 3b braucht 16. „Wir haben 25 Stäbe", sagt der Hallenwart.

Frage:

Rechnung:

Antwort:

zu Seite 10

Einmaleins der 2, 4 und 8; Einmaleins der 5 und 10

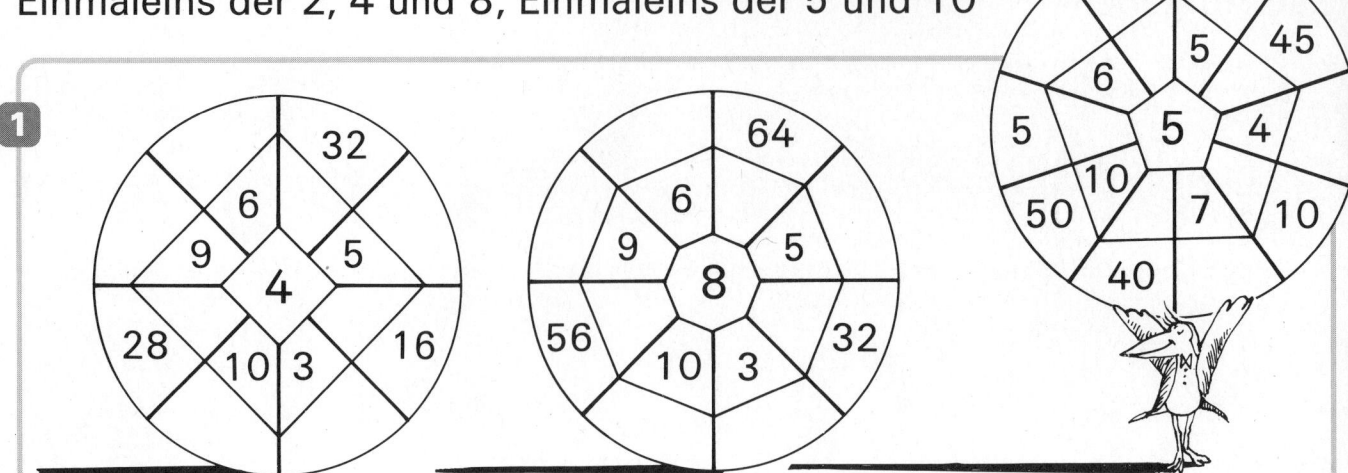

1

Wheel 1 (center 4): 32, 6, 5, 16, 3, 10, 28, 9
Wheel 2 (center 8): 64, 6, 5, 32, 3, 10, 56, 9
Wheel 3 (center 5): 15, 45, 4, 10, 7, 40, 50, 10, 5, 6

2

| 32 : 4 | 8 | 24 : 4 | | 36 : 4 | | 28 : 4 | | : 4 | 4 |
| 64 : 8 | | 48 : 8 | | : 8 | | : 8 | | : 8 | |

3

·	10	5
4		
8		
10		
5		

·	5	10
9		
		70
	30	
3		

4

·	5	7	9
1			
2			
4			
8			

·	8		2
6			
10	40		
			18
8			

5 ∶ ↓

16	24	80	64	45	36
2	8	10	8	5	4
8					

6 ∶ ↓

28	90	56		18	35
4		8	7		5
	10			5	2

7

9 · 5 = 45
72 : 8 =

Kärtchen: 9·5, 40, 72:8, 16, 70, 30:5, 9, 5·8, 6·4, 45, 24, 9, 28:4, 8·2, 48:8, 6, 56, 9, 7, 18:2, 7·10, 36:4, 7·8, 6

Einmaleins der 3

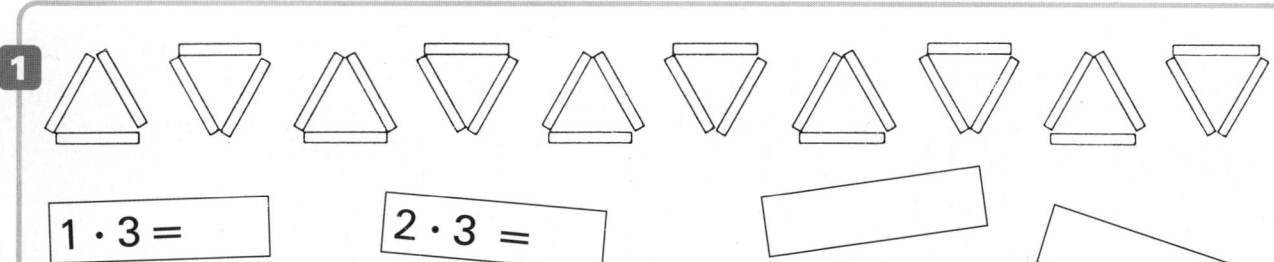

1

$1 \cdot 3 =$ $2 \cdot 3 =$

$4 \cdot 3 =$ $5 \cdot 3 =$ $10 \cdot 3 =$

$8 \cdot 3 =$

2

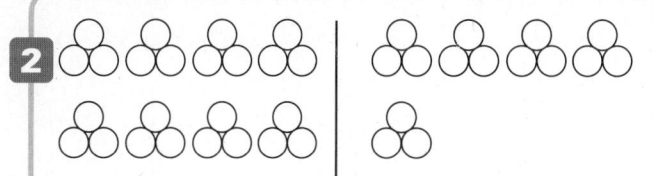

☐ $\cdot 3 =$ ☐   ☐ $\cdot$ ☐ $=$ ☐ $3 \cdot 3 =$ $6 \cdot 3 =$

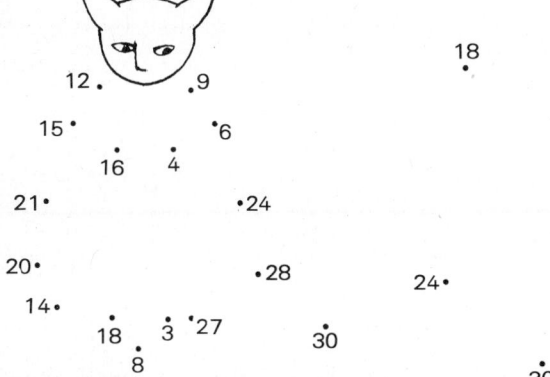

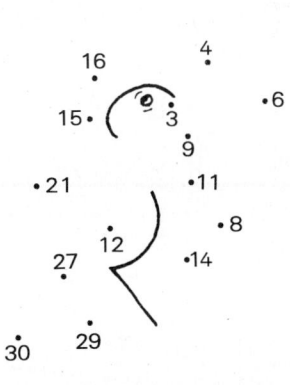

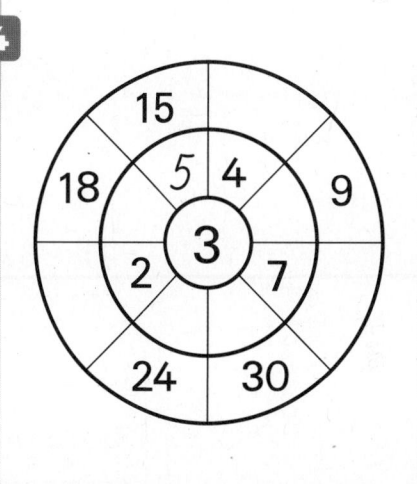

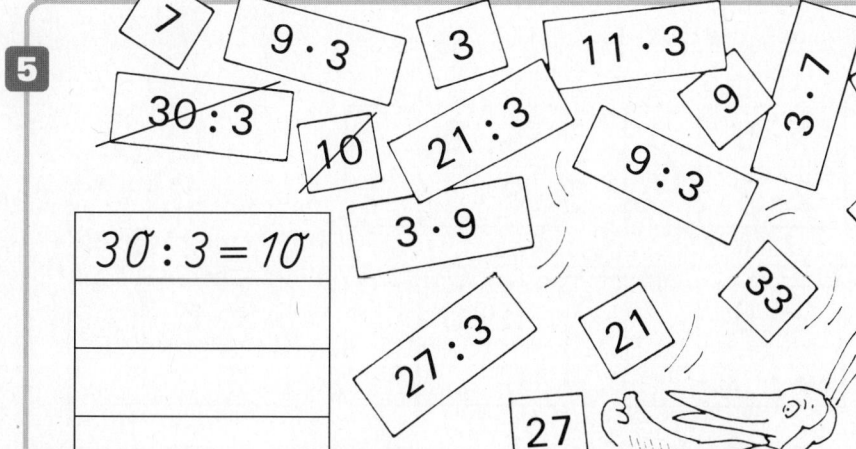

3 Verbinde der Reihe nach die Dreierzahlen.

4

Kreise: 15, 18, 9, 2, 24, 30, 7, 4, 5, 3

5

$30 : 3 = 10$

$18 : 3$ $27 : 3$ $21 : 3$ $9 \cdot 3$ $3 \cdot 9$ $11 \cdot 3$ $3 \cdot 7$ $3 \cdot 8$ $3 \cdot 6$ $9 : 3$ $15 : 3$

7   3   9   6   10   18   27   24   33   21   27   5

zu Seite 12

Einmaleins der 6

1 ☐ · 6 = ☐ | ☐ · ☐ = ☐ | 4 · 6 = ☐ | 6 · 6 = ☐

2 Schreibe die Sechserzahlen auf:

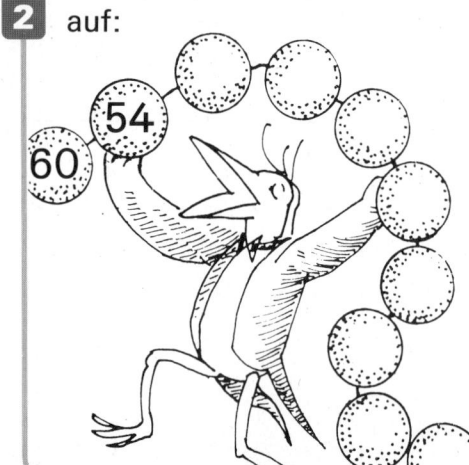

				6			
	12						

3
2 · 3 = ☐   5 · 3 = ☐   8 · 3 = ☐   1 · 3 = ☐   4 · 3 = ☐
2 · 6 = ☐   5 · 6 = ☐   8 · 6 = ☐   1 · 6 = ☐   4 · 6 = ☐

3 · 3 = ☐   10 · 3 = ☐   6 · 3 = ☐   7 · 3 = ☐   9 · 3 = ☐
3 · 6 = ☐   10 · 6 = ☐   6 · 6 = ☐   7 · 6 = ☐   9 · 6 = ☐

4 Zielscheibe: Mitte 6; innerer Ring: 10, 3, 6, 4; äußerer Ring: 42, 30, 48, 54

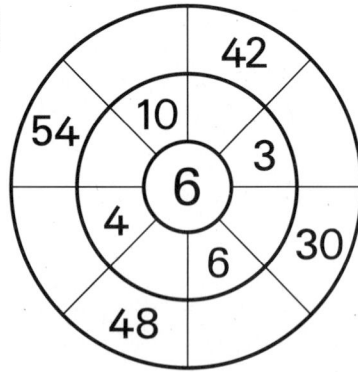

5
1 · 6		4 · 6	
2 · 3	6	8 · ☐	

2 · 6		5 · 6		3 · 6
4 · ☐		10 · ☐		

6
(2 · 6 = 12) (12 : 3 = ☐) (☐ · 6 = ☐) (☐ : 4 = ☐) (☐ · 6 = ☐)

(36 : 6 = ☐) (☐ · 4 = ☐) (☐ : 6 = ☐) (☐ · 3 = ☐) (☐ : 6 = ☐)

Verdoppeln und halbieren

1

4 · 2 DM = ____ DM
8 · 2 DM = ____ DM

8 · 5 DM = ____ DM
4 · 5 DM = ____ DM

2

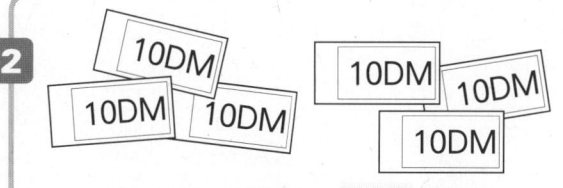

6 · 10 DM = ____ DM
3 · 10 DM = ____ DM

2 · 20 DM = ____ DM
4 · 20 DM = ____ DM

3

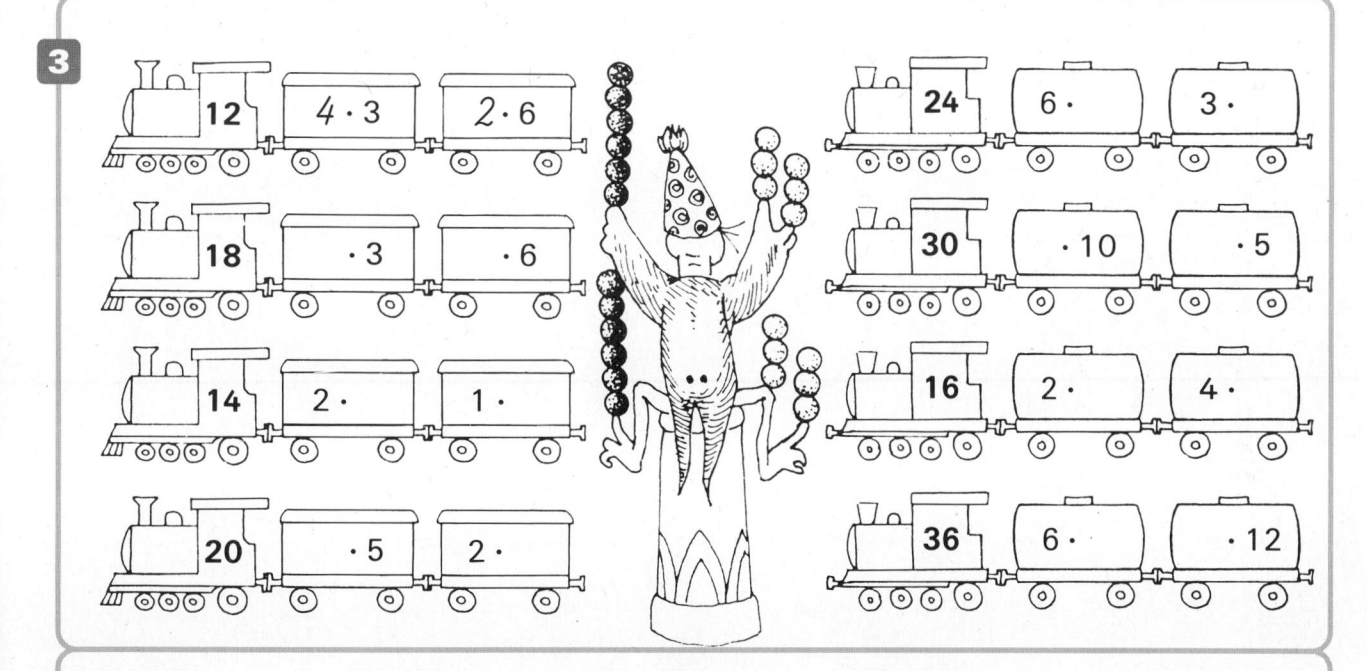

12	4 · 3	2 · 6
18	__ · 3	__ · 6
14	2 · __	1 · __
20	__ · 5	2 · __

24	6 · __	3 · __
30	__ · 10	__ · 5
16	2 · __	4 · __
36	6 · __	__ · 12

4

12: gelb   20: blau   24: grün   30: grau

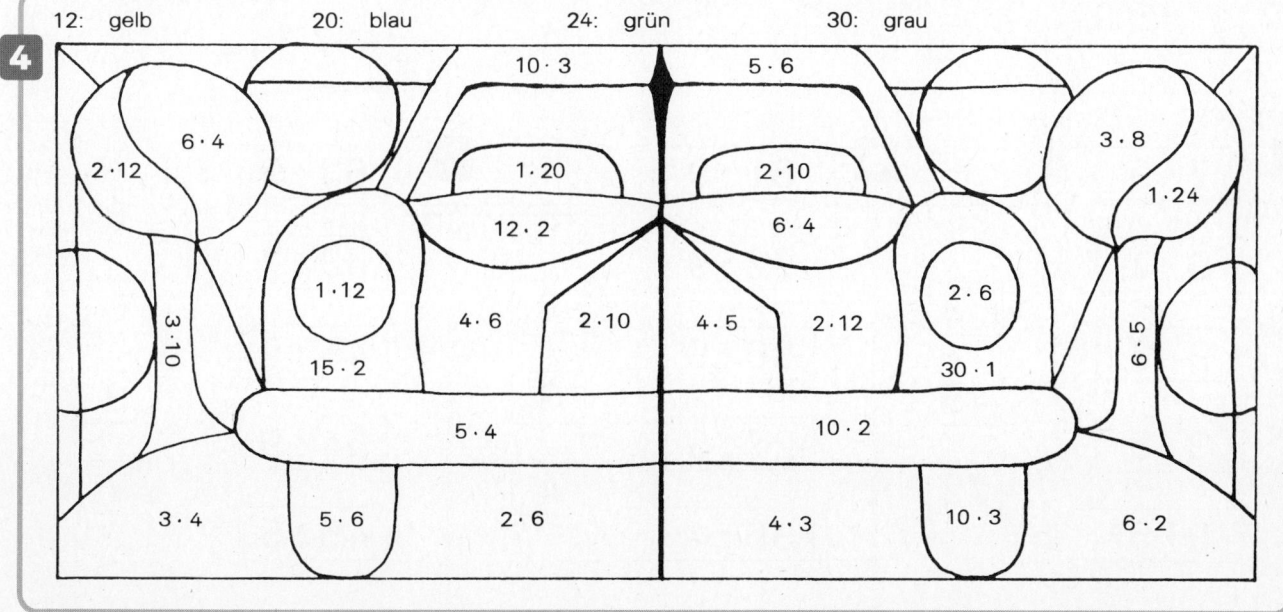

Felder: 6·4, 2·12, 3·10, 1·12, 15·2, 10·3, 1·20, 12·2, 4·6, 2·10, 5·4, 3·4, 5·6, 2·6, 5·6, 2·10, 4·5, 2·12, 6·4, 2·6, 30·1, 10·2, 4·3, 10·3, 6·2, 3·8, 1·24, 6·5

zu Seite 15

Einmaleins der 9

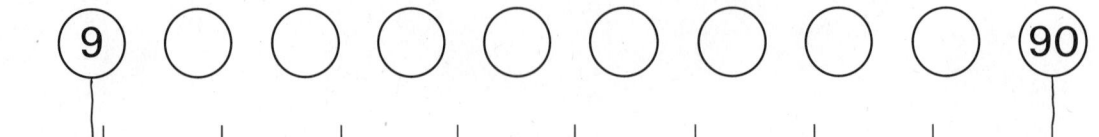

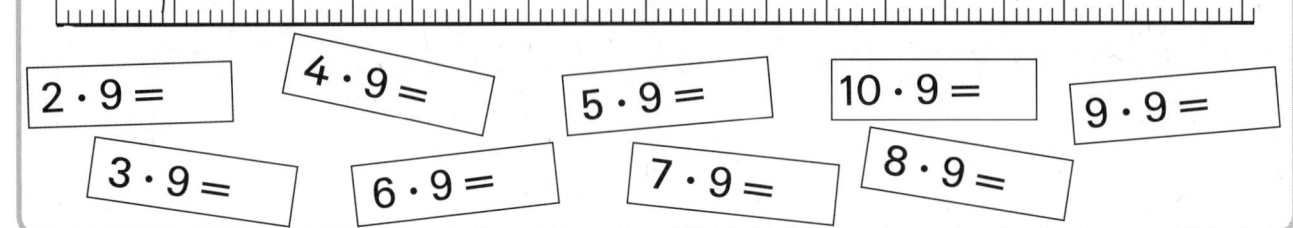

1 Neunerzahlen

(9) ( ) ( ) ( ) ( ) ( ) ( ) ( ) ( ) (90)

2 · 9 =   4 · 9 =   5 · 9 =   10 · 9 =   9 · 9 =
3 · 9 =   6 · 9 =   7 · 9 =   8 · 9 =

2 Verbinde die Neunerzahlen der Reihe nach.

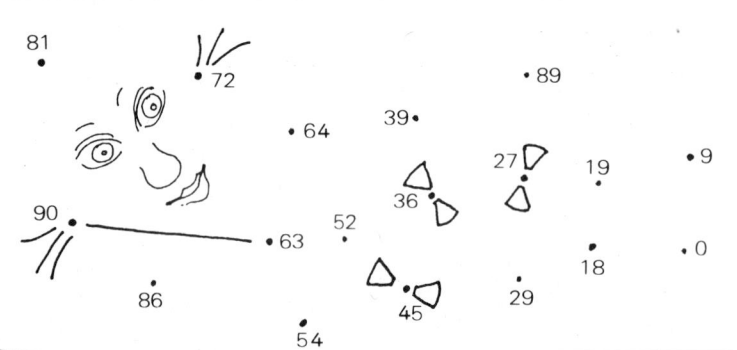

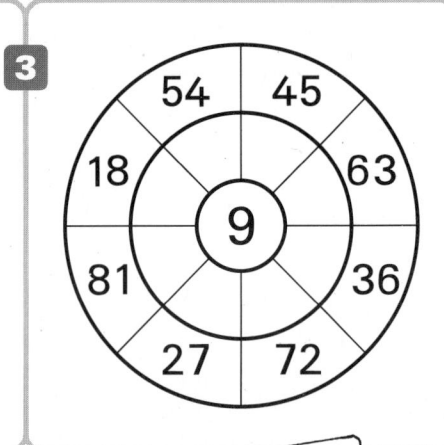

81, 72, 89, 64, 39, 27, 19, 9, 90, 63, 52, 36, 18, 0, 86, 54, 45, 29

3

54 | 45
18 | 63
9
81 | 36
27 | 72

4

1 · 10 =   6 · 10 =   8 · 10 =
1 · 9 =   6 · 9 =   8 · 9 =

3 · 10 =   5 · 10 =   2 · 10 =
3 · 9 =   5 · 9 =   2 · 9 =

4 · 10 =   9 · 10 =   10 · 10 =   7 · 10 =
4 · 9 =   9 · 9 =   10 · 9 =   7 · 9 =

5
7 · 9   54
9 · 7   63
9 · 6   45
9 · 8   72
9 · 5

6
81 : 9   8
72 : 9   9
36 : 9   3
27 : 9   4
36 : 4

7
63 : 9   5
63 : 7   6
45 : 9   9
54 : 9   7
45 : 5

Einmaleins der 3, der 6 und der 9

1 Verbinde der Reihe nach die Dreierzahlen bis 30. Verbinde dann die Sechserzahlen mit einer anderen Farbe.

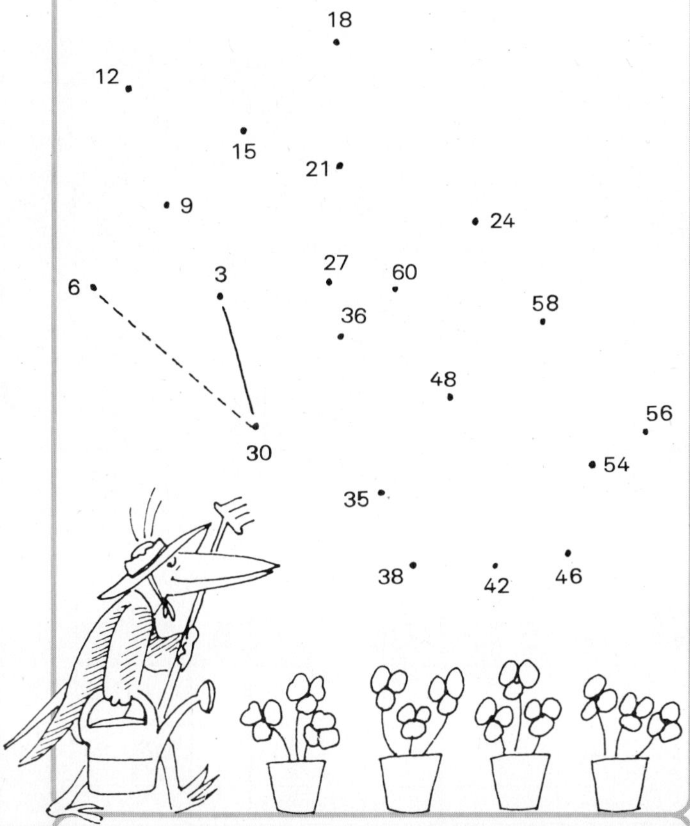

2

$1 \cdot 3 =$
$1 \cdot 6 =$
$1 \cdot 9 =$

$4 \cdot 3 =$
$4 \cdot 6 =$
$4 \cdot 9 =$

$9 \cdot 3 =$
$9 \cdot 6 =$
$9 \cdot 9 =$

$2 \cdot 3 =$
$2 \cdot 6 =$
$2 \cdot 9 =$

$10 \cdot 3 =$

$7 \cdot 3 =$

$5 \cdot 3 =$

$8 \cdot 3 =$

$6 \cdot 3 =$

$3 \cdot 3 =$

3

·	2	4	8
3			
6			
9			

·	5	7	10
3			
6			
9			

4

:	3	9
9		
18		
27		

:	6	9
54		
36		
18		

5

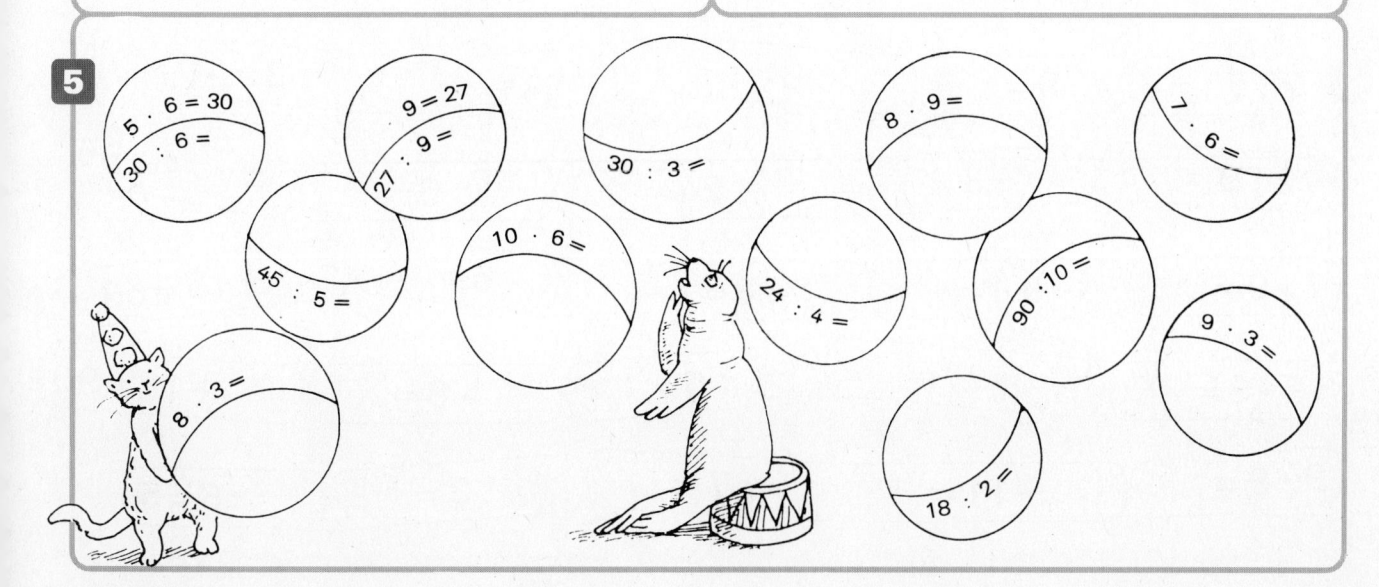

$5 \cdot 6 = 30$
$30 : 6 =$

$ \cdot 9 = 27$
$27 : 9 =$

$30 : 3 =$

$8 \cdot 9 =$

$7 \cdot 6 =$

$45 : 5 =$

$10 \cdot 6 =$

$24 : 4 =$

$90 : 10 =$

$9 \cdot 3 =$

$8 \cdot 3 =$

$18 : 2 =$

zu Seite 17

Einmaleins der 3, 6 und 9; Einmaleins der 7

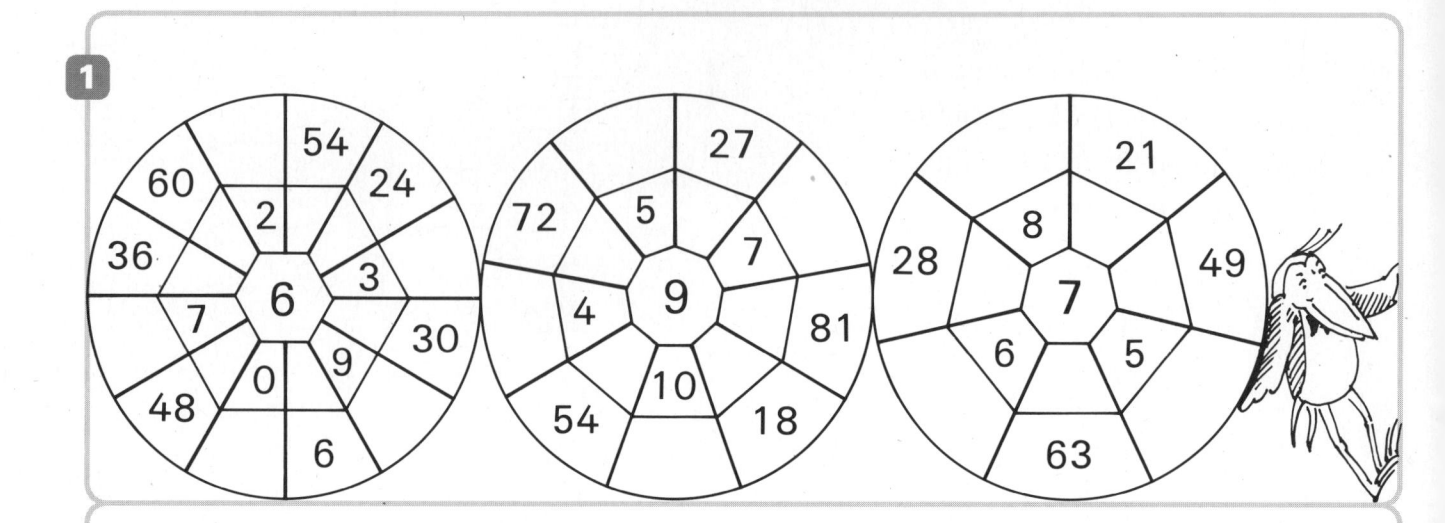

1

2

18 : 3	
36 : 6	6
54 : 9	

15 : 3	
30 : 6	
45 : 9	

24 : 3	
: 6	
: 9	

27 : 3	
: 6	
: 9	

: 3	
: 6	7
: 9	

3

·	3	6	9
5			
8			
7			

·		4	7
6	54		
			12
9			

4

·	5	2	7
8			
5			
7			

·	5	2	7
			14
		20	
	20		

5

: ↓	30	30	35	54	54	49
	6	5	7	9	6	7

6

: ↓	63		45	60		90
	9	7	5		6	
			9	6	8	10

7

28 : 7 = 4) (4 · 9 =) (: 6 =) (· 5 =) (: 3 = 10

72 : 9 =) (· 3 =) (+ 24 =) (: 6 =) (· 7 = 56

7 · 9 =) (+ 1 =) (: 8 =) (· 6 =) (+ 15 = 63

9 · 3 =) (+ 27 =) (: 6 =) (· 8 =) (+ 18 = 90

9 · 9 =) (− 11 =) (: 7 =) (· 3 =) (: 6 = 5

Einmaleins der 7 – alle Einmaleinssätze

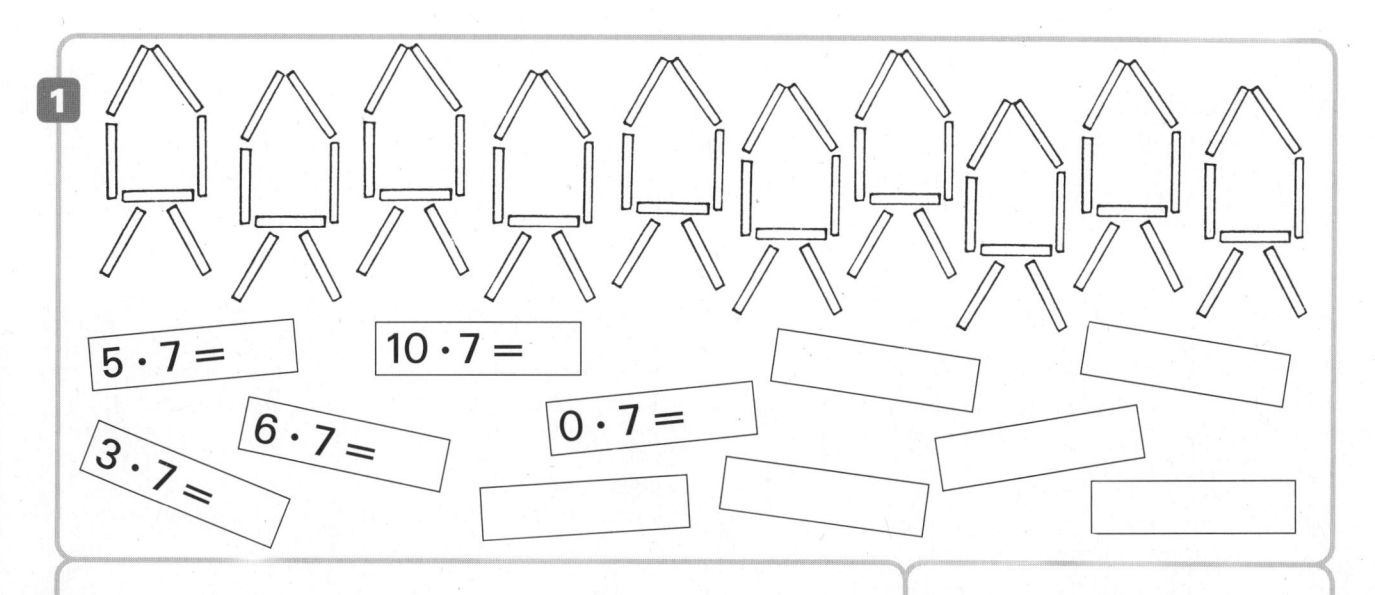

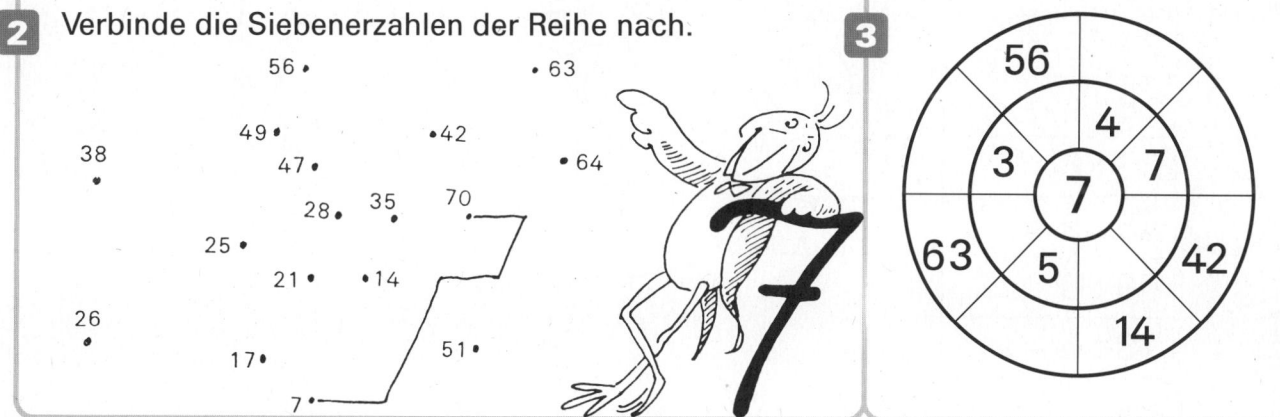

1

5 · 7 =   10 · 7 =

3 · 7 =   6 · 7 =   0 · 7 =

2 Verbinde die Siebenerzahlen der Reihe nach.

3

4

·	7	5	4
7			
8			
9			

·		8	
7			
4		36	
3			18

·		9	8
9			54
8			
			36

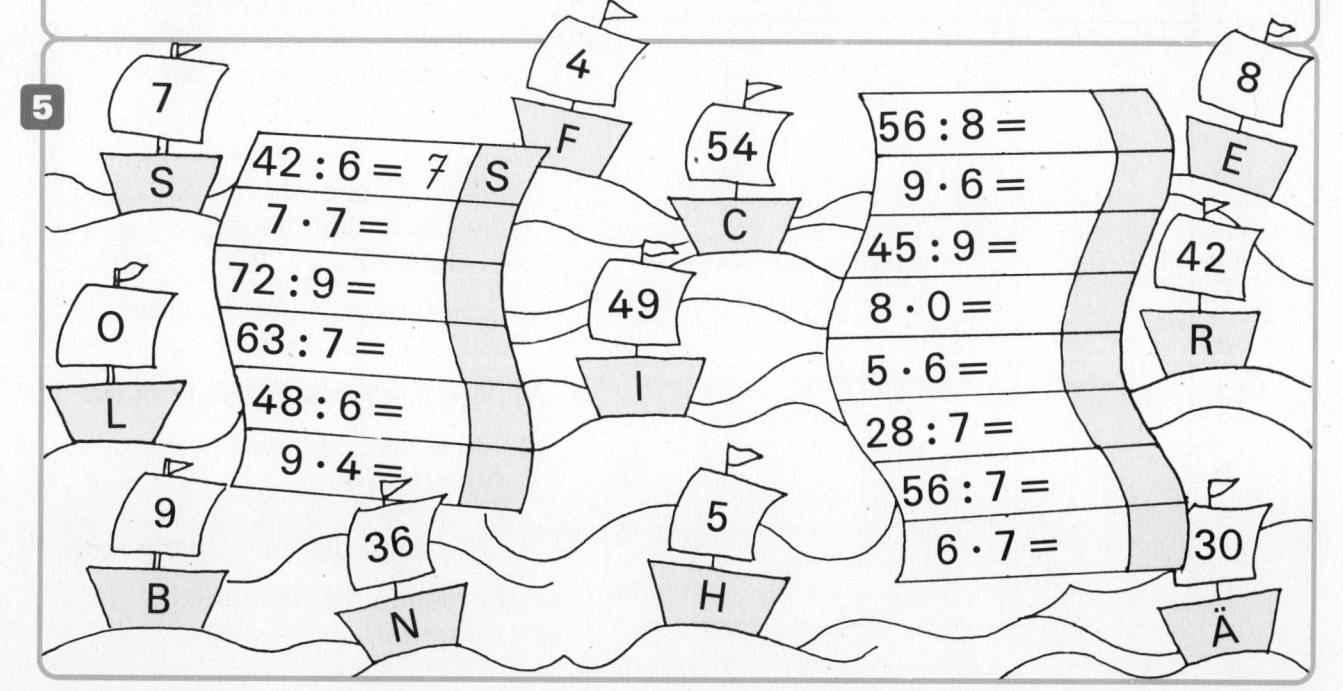

5

42 : 6 = 7
7 · 7 =
72 : 9 =
63 : 7 =
48 : 6 =
9 · 4 =

56 : 8 =
9 · 6 =
45 : 9 =
8 · 0 =
5 · 6 =
28 : 7 =
56 : 7 =
6 · 7 =

Schiffe: 7-S, 4-F, 54-C, 49-I, 8-E, 42-R, 9-O, L, 36-B, N, 5-H, 30-Ä

zu Seite 18/19

Alle Einmaleinssätze

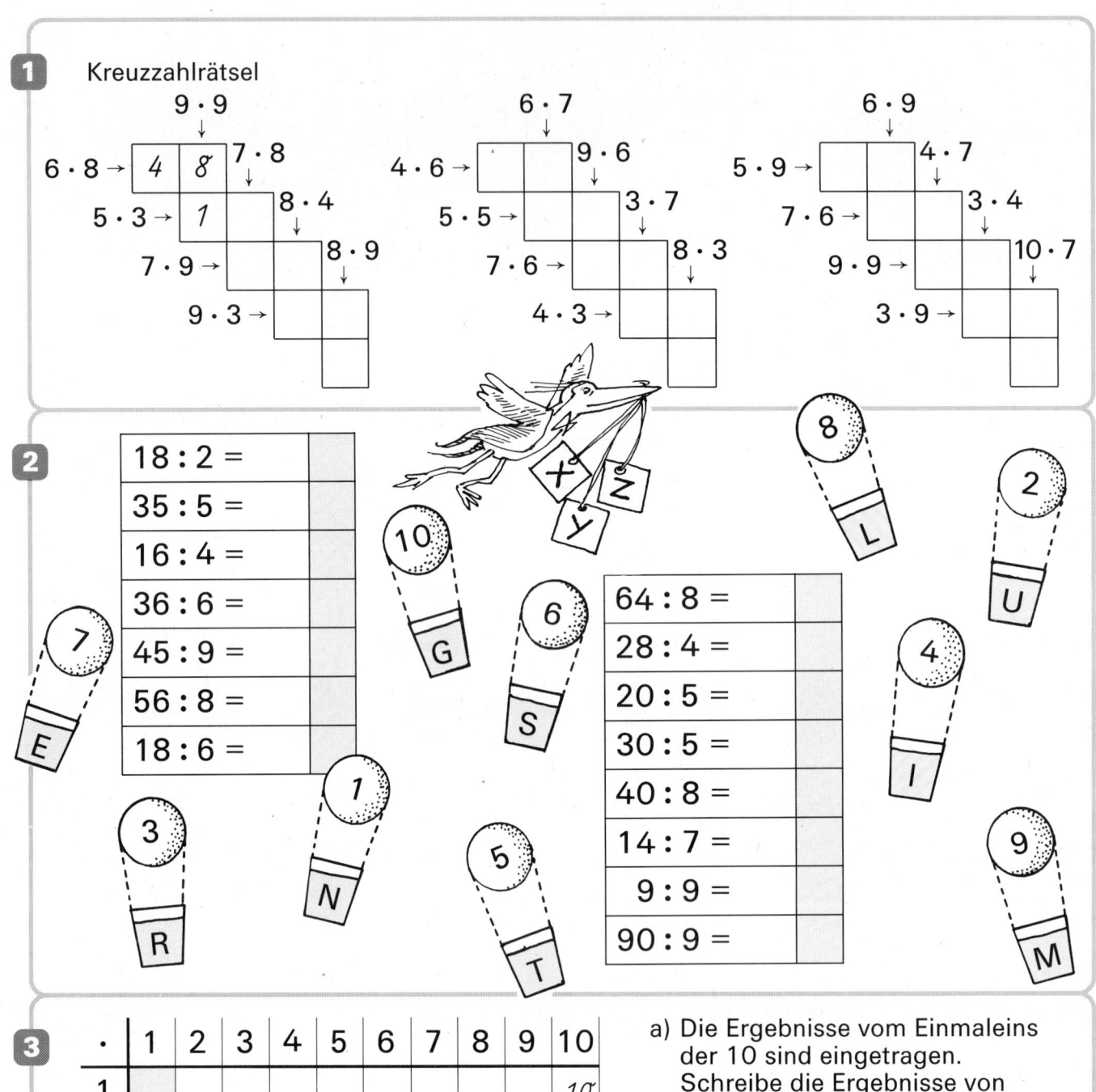

1 Kreuzzahlrätsel

(Kreuzzahlrätsel-Gitter mit Aufgaben:)

Erstes Gitter: 6·8 → [4][8] ; 9·9 ↓ ; 7·8 ↓ ; 5·3 → [1] ; 8·4 ↓ ; 7·9 → ; 8·9 ↓ ; 9·3 →

Zweites Gitter: 4·6 → ; 6·7 ↓ ; 9·6 ; 5·5 → ; 3·7 ↓ ; 7·6 → ; 8·3 ↓ ; 4·3 →

Drittes Gitter: 5·9 → ; 6·9 ↓ ; 4·7 ; 7·6 → ; 3·4 ↓ ; 9·9 → ; 10·7 ; 3·9 →

2

18 : 2 =	
35 : 5 =	
16 : 4 =	
36 : 6 =	
45 : 9 =	
56 : 8 =	
18 : 6 =	

Ballons mit Zahlen und Buchstaben: 7–E, 10–G, 3–R, 1–N, 6–S, 5–T, 8–L, 2–U, 4–I, 9–M

64 : 8 =	
28 : 4 =	
20 : 5 =	
30 : 5 =	
40 : 8 =	
14 : 7 =	
9 : 9 =	
90 : 9 =	

3

·	1	2	3	4	5	6	7	8	9	10
1										10
2										20
3										30
4										40
5										50
6										60
7										70
8										80
9										90
10										100

a) Die Ergebnisse vom Einmaleins der 10 sind eingetragen. Schreibe die Ergebnisse von den Tauschaufgaben auf: 10·1, 10·2, 10·3, ...

b) Trage die Ergebnisse vom Einmaleins der 5 ein. – Löse dann die Tauschaufgaben: 5·1, 5·2, 5·3, ...

c) Schreibe die Quadratzahlen auf: 1·1, 2·2, 3·3, ...

d) Löse alle Malaufgaben mit der 1.

e) Trage die Ergebnisse folgender Aufgaben ein: 4·3, 8·3, 3·9, 6·9, 5·8. Löse dann die Tauschaufgaben.

f) Berechne die fehlenden Aufgaben.

zu Seite 19

Hunderter – Zehner – Einer

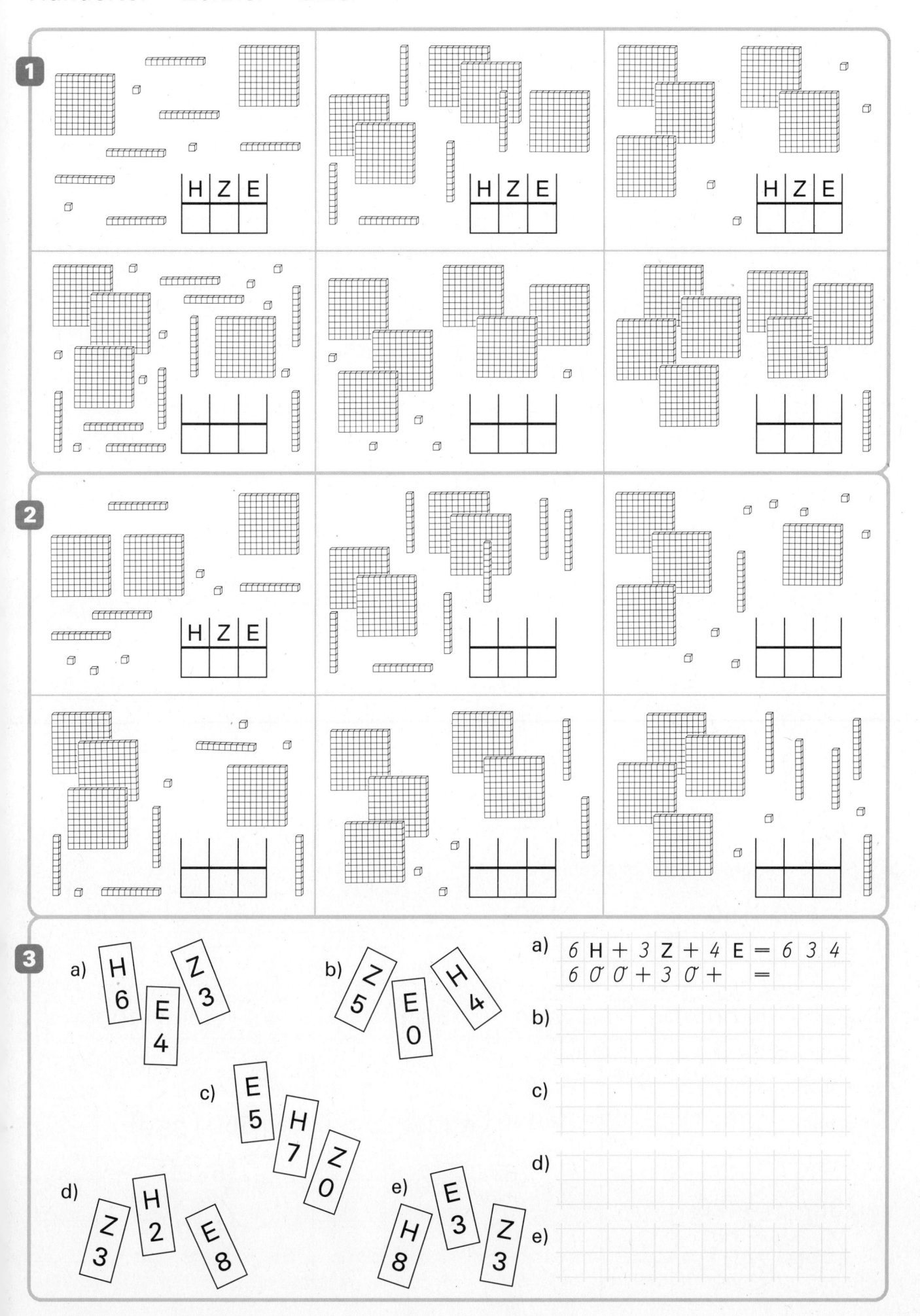

1

H	Z	E

2

3
a) H 6, E 4, Z 3
b) Z 5, E 0, H 4
c) E 5, H 7, Z 0
d) Z 3, H 2, E 8
e) H 8, E 3, Z 3

a) $6\,H + 3\,Z + 4\,E = 634$
   $6\,H + 3\,Z + = $

b)

c)

d)

e)

zu Seite 25

Zehnerzahlen

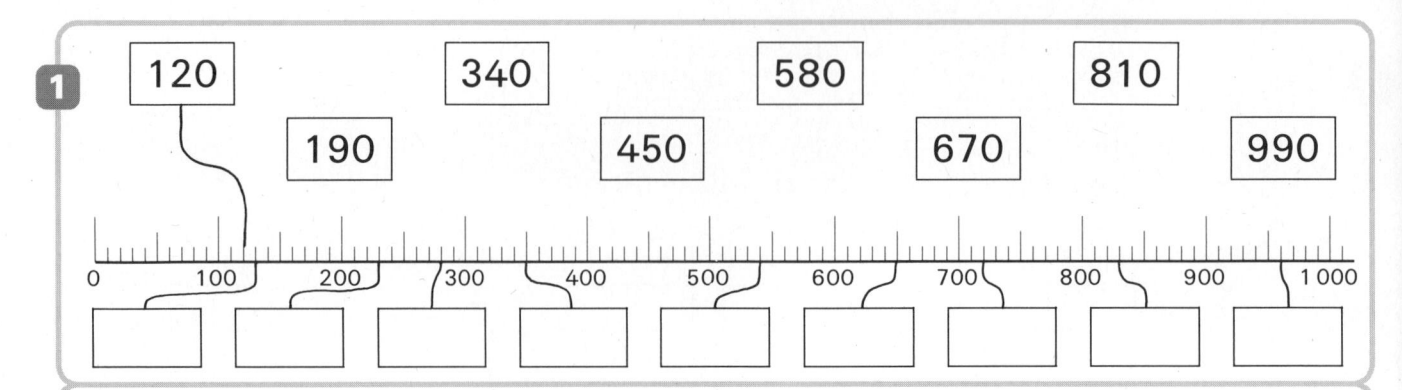

1 [number line with 120, 340, 580, 810, 190, 450, 670, 990 to be placed]

2 Setze die Zahlenfolgen fort.

300	320	340							520

1000	980	960							780

600	630	660							930

950	920	890							620

3
a) 240 = _200_ + _40_   b) 430 = ___ + ___   c) 760 = ___ + ___
   270 = ___ + ___   590 = ___ + ___   910 = ___ + ___
   230 = ___ + ___   670 = ___ + ___   880 = ___ + ___
   290 = ___ + ___   720 = ___ + ___   960 = ___ + ___
   220 = ___ + ___   480 = ___ + ___   770 = ___ + ___

4 Suche die fehlenden Zehnerzahlen.

a) | 150 | 160 | | | 190 |
b) | 280 | | | 310 | |
c) | | 400 | | | 430 |
d) | | | 480 | | 500 |
e) | | 790 | | | |
f) | | | | | 1000 |

5 Ordne nach der Größe.

Blume 1 (Mitte 210): 120, 230, 420, 320, 240 → 120, ...
Blume 2 (Mitte 870): 960, 690, 860, 680, 780
Blume 3 (Mitte 530): 550, 350, 440, 540, 450

16   zu Seite 26

Zeigen – zählen – ordnen

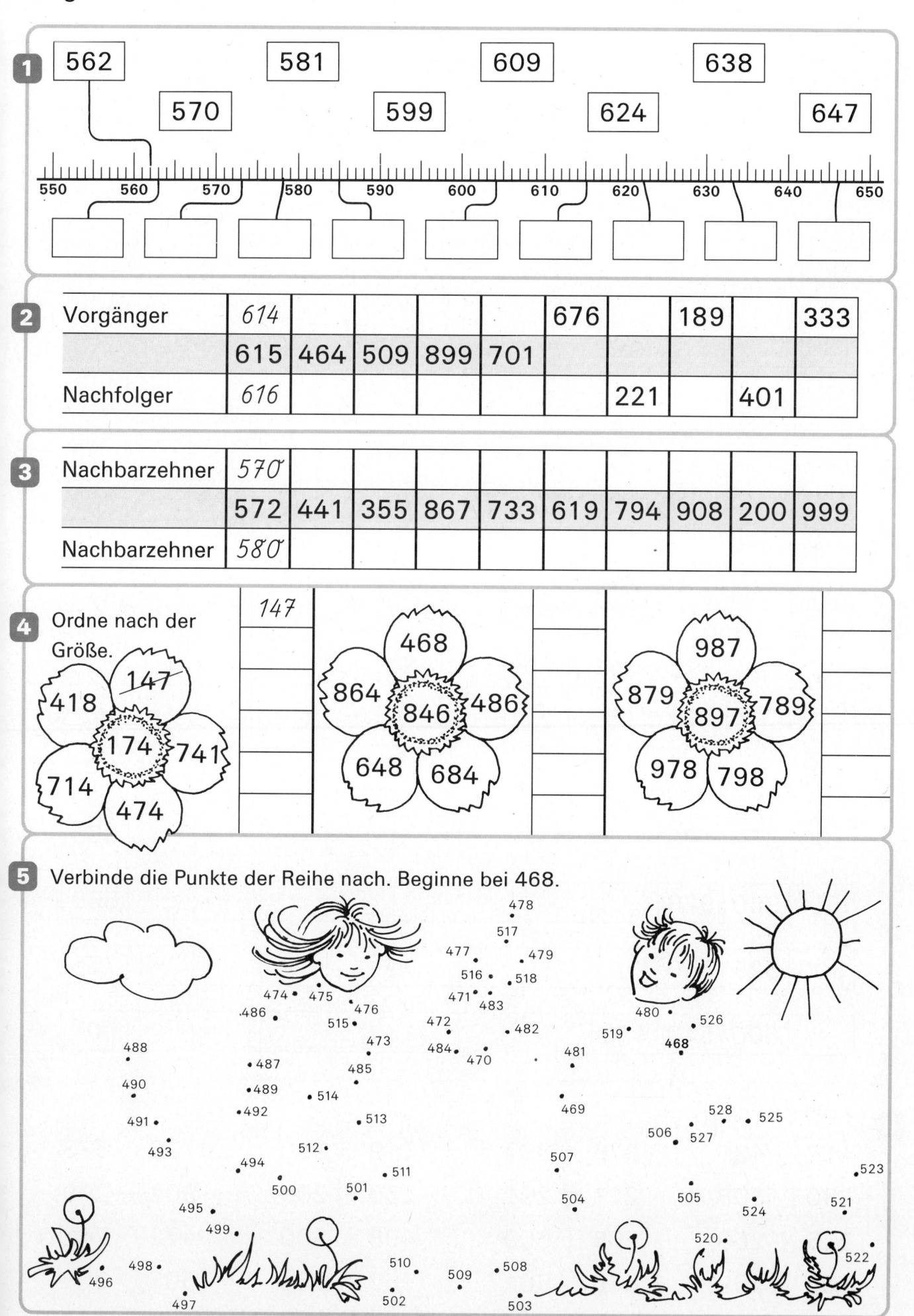

1 562 | 581 | 609 | 638
570 | 599 | 624 | 647

(Zahlenstrahl: 550 – 650)

2

Vorgänger	614					676		189		333
	615	464	509	899	701					
Nachfolger	616						221		401	

3

Nachbarzehner	570									
	572	441	355	867	733	619	794	908	200	999
Nachbarzehner	580									

4 Ordne nach der Größe.

Blume 1: 418, 147, 174, 741, 714, 474 — 147, ...
Blume 2: 468, 864, 846, 486, 648, 684
Blume 3: 987, 879, 897, 789, 978, 798

5 Verbinde die Punkte der Reihe nach. Beginne bei 468.

zu Seite 27

17

Zahlen bis 1000

1 Verdoppeln

·2		·2	
300		240	
500		320	
250			800
410			460
130		450	
350			1000

2 Halbieren

:2		:2	
400		880	
200		300	
500			140
700			210
620		460	
860			330

3

Nachbarzehner	150									
	158	217	644	850	726	471	508	379	294	963
Nachbarzehner	160									

4

Nachbarhunderter	200									
	246	412	846	570	631	300	777	305	496	680
Nachbarhunderter	300									

5 Setze die Zahlenfolgen fort.

300	350	400								850
1000	960	920								560
500	525	550								775
	600	540	480							0

6 > oder <?

412 __ 421   376 __ 367   319 __ 390   736 __ 673

380 __ 308   211 __ 201   280 __ 209   902 __ 209

225 __ 250   606 __ 660   498 __ 500   472 __ 742

505 __ 550   516 __ 561   162 __ 261   503 __ 305

Einer dazuzählen und wegnehmen

1 Rechne die Aufgaben in der angegebenen Reihenfolge und verbinde die Punkte.

416 + 3 = 419
776 − 5 =
853 + 6 =
267 − 4 =
918 + 7 =
432 − 6 =
386 + 8 =
171 − 7 =
562 + 9 =
612 − 4 =
728 + 7 =

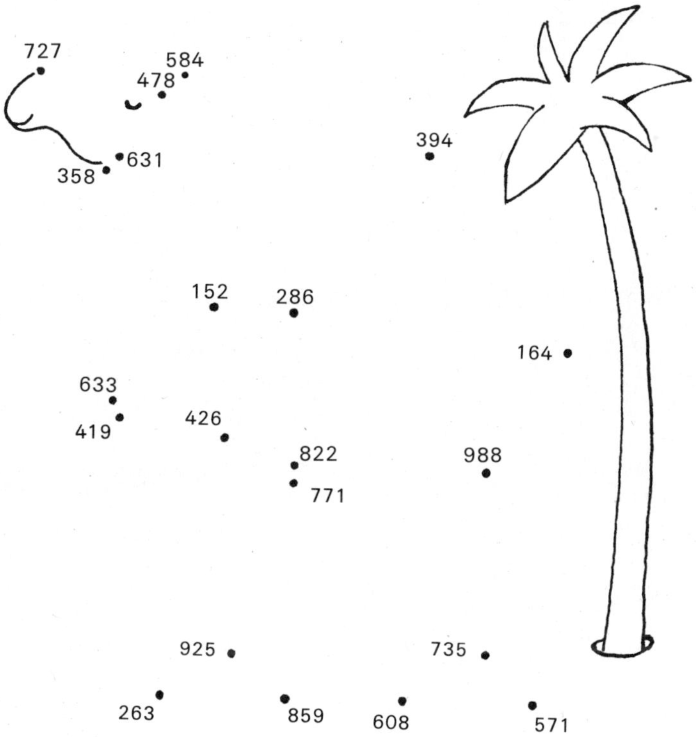

996 − 8 =
815 + 7 =
292 − 6 =
149 + 3 =
483 − 5 =
719 + 8 =
362 − 4 =
628 + 5 =
591 − 7 =
625 + 6 =

2

+7

168	
368	
228	
528	
948	

−5

432	
732	
644	
344	
864	

+8

325	
658	
	732
	945
566	

−6

412	
965	
	315
	783
849	

3

67 + ☐ = 72
267 + ☐ = 272
567 + ☐ = 573
867 + ☐ = 874

456 + ☐ = 465
927 + ☐ = 934
555 − ☐ = 548
355 − ☐ = 348

423 − ☐ = 415
523 − ☐ = 516
644 − ☐ = 637
964 − ☐ = 955

4

+	4	7		9
327				
568			573	
		216		

5

−	6	8		5
732				
		945		
324			317	

Zehner dazuzählen und wegnehmen

1.

+50		−40		+60		−70	
25		75		31		93	
125		175			291	293	
	375		535	431		693	
625			835		991	793	

2.

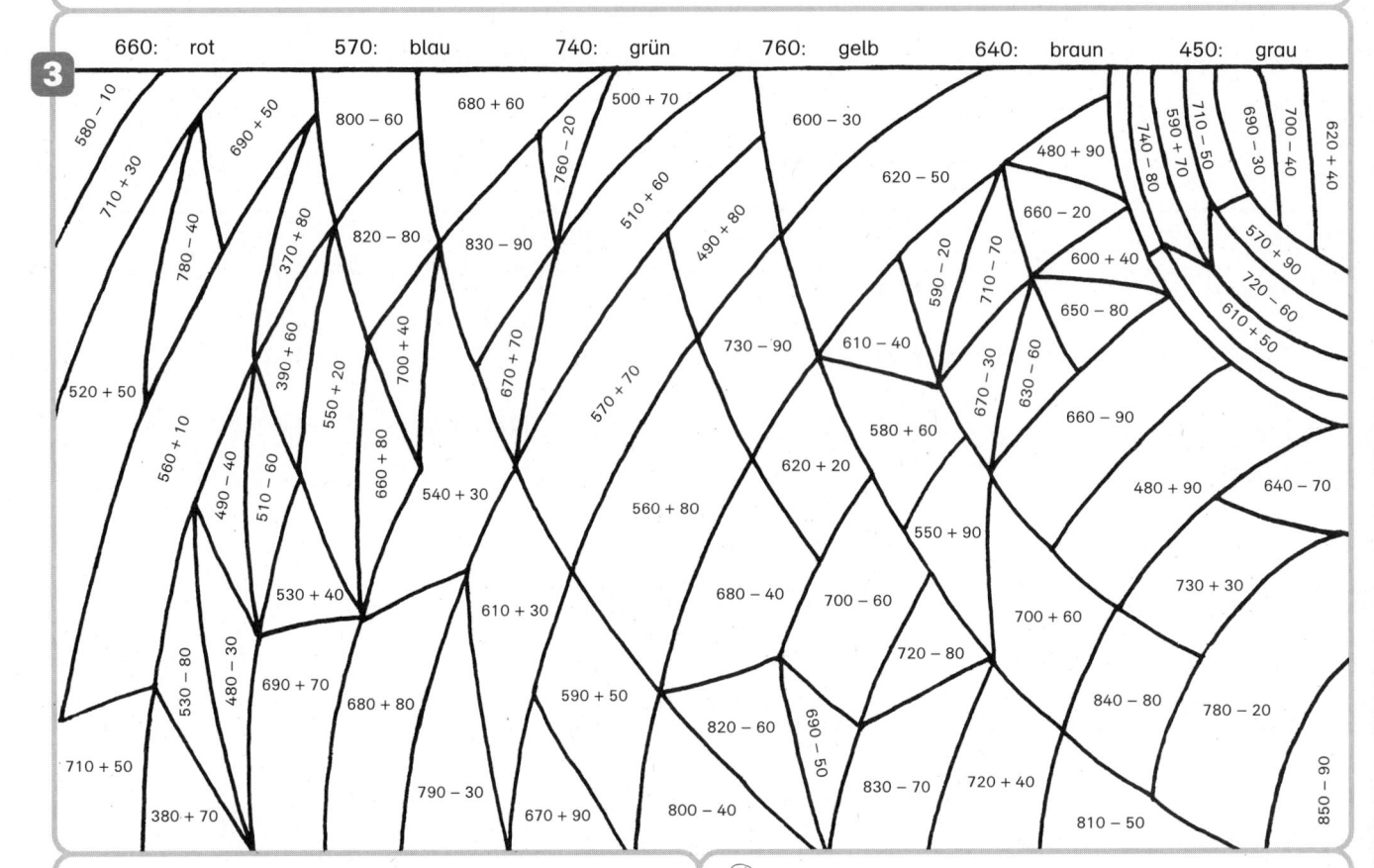

+30		−50		+40		−30	
264		163		454		777	
	342		922	738		888	
	687	687			546		636
849			846		999		303

3. 660: rot   570: blau   740: grün   760: gelb   640: braun   450: grau

4.

+	20	40	60
235			
421		451	
		859	

5.

−	30	50	20
384			
		546	
972			902

20   zu Seite 31

Große Geldbeträge

1 Finde vier verschiedene Möglichkeiten.

673 DM

1000	500	200	100	50	20	10	5	2	1

2 Achthundertdreiundvierzig Mark

1000	500	200	100	50	20	10	5	2	1

3 Wieviel Geld?

100	10	5	1	
3	2	3	4	DM
5	1	4	5	
2	8	5	3	
1	12	6	4	
8	5	4	12	

4

100	20	10	1	
4	2	2	3	DM
5	4	3	5	
1	8	4	2	
6	5	13	4	
7	4	5	15	

5

zu zahlen	75 DM	148 DM				186 DM	415 DM
gegeben	100 DM	200 DM	100 DM	150 DM	500 DM		
zurück			12 DM	35 DM	150 DM	14 DM	35 DM

6
65 DM + ___ DM = 100 DM
92 DM + ___ DM = 100 DM
84 DM + ___ DM = 100 DM

___ DM + 15 DM = 100 DM
___ DM + 45 DM = 100 DM
___ DM + 28 DM = 100 DM

7
145 DM + ___ DM = 200 DM
163 DM + ___ DM = 200 DM
125 DM + ___ DM = 200 DM

___ DM + 90 DM = 200 DM
___ DM + 55 DM = 200 DM
___ DM + 21 DM = 200 DM

zu Seite 32

Geld wechseln

1 Lege mit Spielgeld.

120 DM = ☐ · 20 DM
150 DM = ☐ · 50 DM
200 DM = ☐ · 20 DM
200 DM = ☐ · 50 DM
300 DM = ☐ · 20 DM
300 DM = ☐ · 50 DM

2 Lege mit Spielgeld.

700 DM = ☐ · 100 DM
1000 DM = ☐ · 200 DM
600 DM = ☐ · 50 DM
600 DM = ☐ · 200 DM
250 DM = ☐ · 50 DM
450 DM = ☐ · 50 DM

3 600 DM kann man auf verschiedene Weise wechseln!

	500	200	100	50	20	10
600 DM	1	–	1	–	–	–
600 DM						
600 DM						
600 DM						
600 DM						
600 DM						

4 Ich sammle Münzen.

500	200	100	50	20	10
–	2	1	2	–	–
1	–	–	4	–	–
–	1	–	2	5	–
–	–	1	2	–	10
1	1	1	–	10	–
–	–	4	4	2	1

5

10 · 20 DM
20 · 10 DM
8 · 50 DM
4 · 100 DM
20 · 20 DM
4 · 50 DM
2 · 100 DM
40 · 10 DM
10 · 50 DM
5 · 20 DM

200 DM   400 DM

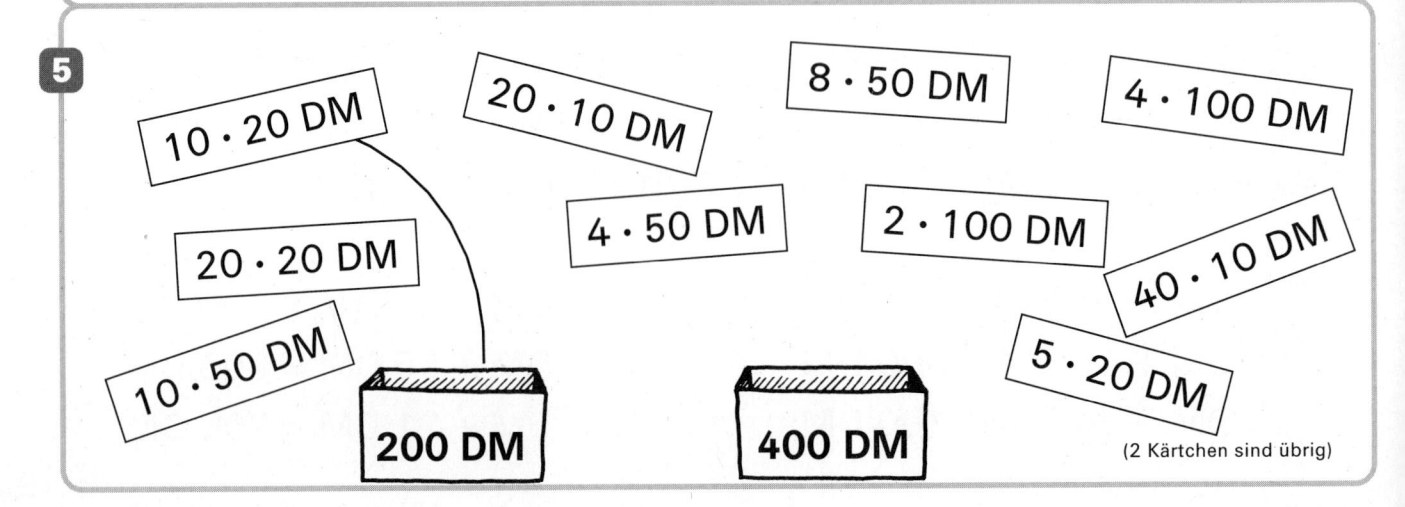

(2 Kärtchen sind übrig)

Geld – Kommaschreibweise

1 Schreibe die Beträge auch mit Komma.

1 DM	10 Pf	1 Pf	
5	1	2	DM
	7	5	
2	0	5	
		6	
3	2	0	
		1	5

100	10	1 DM	10 Pf	1 Pf
1	3	0	5	0
	7	5	0	0
		1	4	0	8
2	0	6	7	5
3	0	0	5	0
4	2	0	0	0

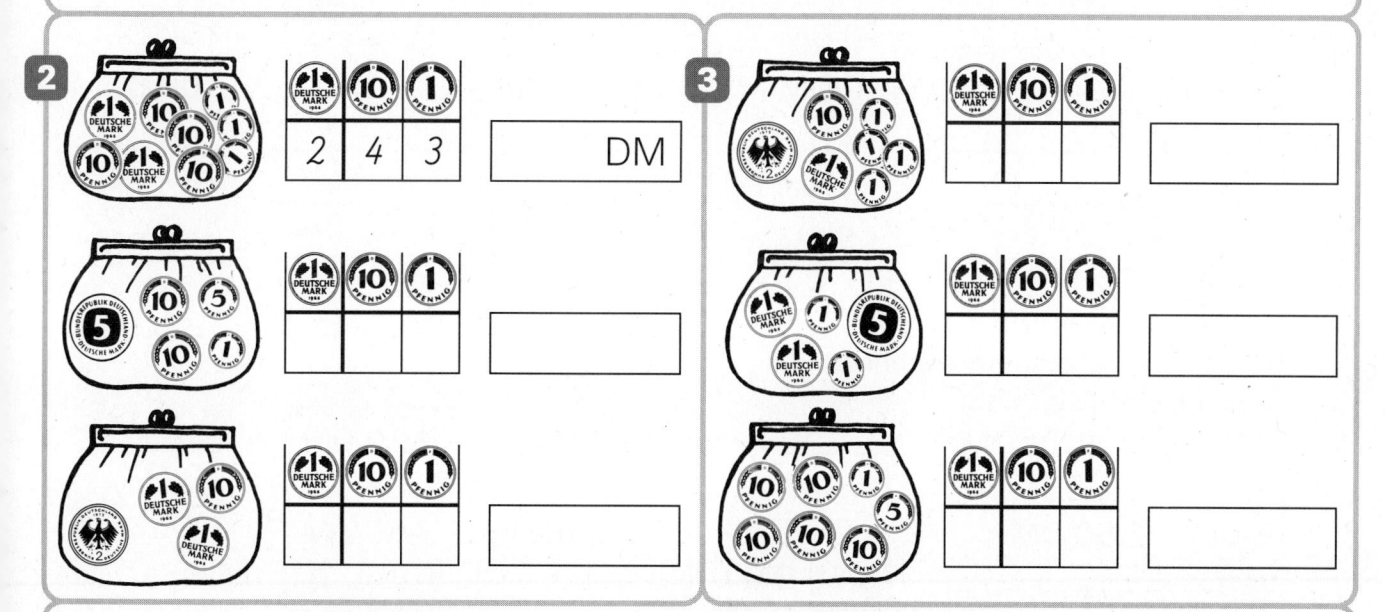

2 2 4 3 DM

3

4

235 Pf	428 Pf			602 Pf	
2 DM 35 Pf		5 DM 73 Pf			3 DM 9 Pf
2,35 DM			8,47 DM		

5 Ordne die Geldbeträge nach der Größe. Die Buchstaben ergeben in der richtigen Reihenfolge von oben nach unten ein Lösungswort.

6,18 DM (N) 1 DM 68 Pf (E) 68 Pf (P) ~~3 DM 45 Pf (S)~~ 453 Pf (R) 3 DM 45 Pf (S)

8,16 DM (G) ~~68 Pf (P)~~ 5 DM 34 Pf (U) 3,54 DM (P)

186 Pf (N) 8 DM 61 Pf (E) 435 Pf (A) 5,43 DM (C)

6,81 DM (I) 0,86 DM (F) 4,54 DM (B) 5 DM 54 Pf (H)

zu Seite 34/35

Rechnen mit Geld

1

Preisliste
Bratwurst 2,40
Curry-Wurst 2,80
Wiener Würstchen 2,20
halbes Hähnchen 4,50
Pommes frites 1,80
Kartoffelsalat 1,60
Ketchup (Port.) –,30

Berechne die Preise für:
a) Bratwurst mit Pommes frites
2,40 DM + _____ Pz 6
b) Würstchen mit Kartoffelsalat
_____ Pz 11
c) ein halbes Hähnchen, Pommes frites und Ketchup
_____ Pz 12

2 Ergänze bis 10 DM:

7,30 DM + _____ = 10 DM
8,25 DM + _____ = 10 DM
6,05 DM + _____ = 10 DM
5,98 DM + _____ = 10 DM
4,44 DM + _____ = 10 DM
0,92 DM + _____ = 10 DM

3 Ergänze bis 100 DM:

86,50 DM + _____ = 100 DM
71,90 DM + _____ = 100 DM
69,10 DM + _____ = 100 DM
90,70 DM + _____ = 100 DM
56,65 DM + _____ = 100 DM
49,15 DM + _____ = 100 DM

4 Verbinde, was zusammengehört.

3,80 DM + 2,70 DM		7 DM		12,80 DM + 7,20 DM		25 DM
8 DM – 2,50 DM		5,50 DM		18,50 DM – 3,50 DM		
4,95 DM + 2,05 DM		7,50 DM		32,80 DM – 7,80 DM		20 DM
10 DM – 3,50 DM		6,50 DM		4 · 5 DM		
0,85 DM + 4,15 DM		5 DM		19,90 DM + 5,10 DM		15 DM
15 DM – 7,50 DM				8,90 DM + 6,10 DM		

5 Damir hat noch 4,20 DM. Er kauft sich ein Eis für 1,60 DM. Wieviel Geld hat er übrig? Pz 8

R.: _____
A.: _____

6 Sylvia hat beim Bäcker 6,40 DM und beim Fleischer 12,50 DM ausgegeben. Wieviel Geld hat sie insgesamt ausgegeben? Pz 18

R.: _____
A.: _____

Sachaufgaben und Rechenbäume

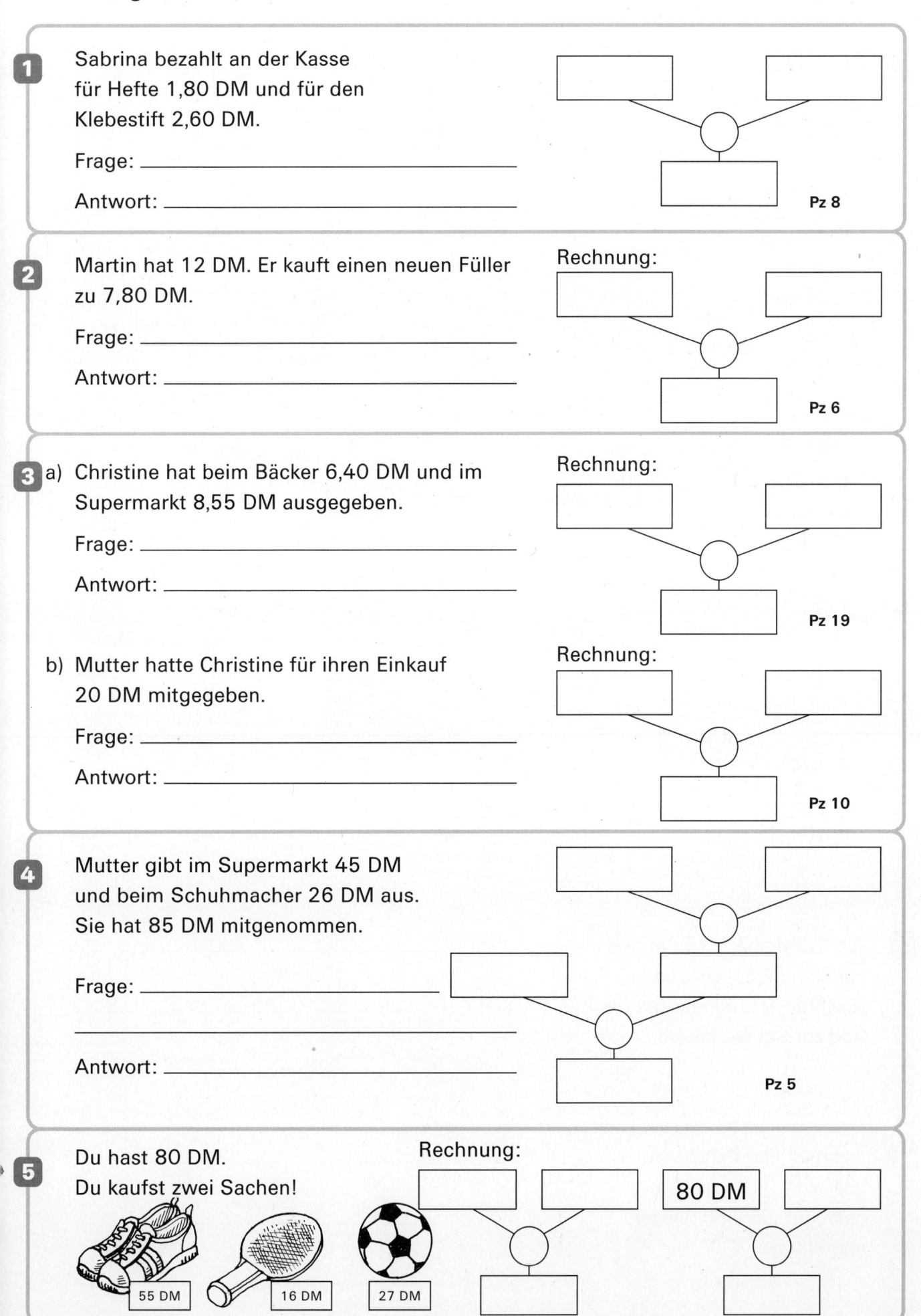

1 Sabrina bezahlt an der Kasse für Hefte 1,80 DM und für den Klebestift 2,60 DM.

Frage: _____

Antwort: _____

Pz 8

2 Martin hat 12 DM. Er kauft einen neuen Füller zu 7,80 DM.

Frage: _____

Antwort: _____

Rechnung:

Pz 6

3 a) Christine hat beim Bäcker 6,40 DM und im Supermarkt 8,55 DM ausgegeben.

Frage: _____

Antwort: _____

Rechnung:

Pz 19

b) Mutter hatte Christine für ihren Einkauf 20 DM mitgegeben.

Frage: _____

Antwort: _____

Rechnung:

Pz 10

4 Mutter gibt im Supermarkt 45 DM und beim Schuhmacher 26 DM aus. Sie hat 85 DM mitgenommen.

Frage: _____

_____

Antwort: _____

Pz 5

5 Du hast 80 DM. Du kaufst zwei Sachen!

Rechnung:

80 DM

55 DM   16 DM   27 DM

zu Seite 37

25

Fragen und rechnen

1 Welche Fragen gehören zu den Aufgaben?
Rechne und antworte im Heft.

Aufgabe	Frage
1	
2	
3	
4	
5	

① Ein Fußball kostet 32 DM. Andi, Marc, Benny und Theo wollen den Ball gemeinsam kaufen.

② Die Fahrräder von 165 Schülern wurden überprüft. 40 Fahrräder waren nicht in Ordnung.

③ Frau Merkle hat im Gartenzentrum 65 DM ausgegeben. Sie hatte 180 DM mitgenommen.

④ Petra geht mit ihrem Bruder ins Kino. Eine Karte kostet 8,50 DM.

⑤ Im Schulwald wird gepflanzt. Jede Klasse darf 10 Pflanzen setzen. Die Schule hat 12 Klassen.

a) Wie viele Pflanzen sind es insgesamt?

b) Wie viele Fahrräder wurden überprüft?

c) Wieviel muß sie bezahlen?

d) Wieviel Geld bleibt übrig?

e) Wie viele Kinder waren im Schulgarten?

...und wie viele Vögel waren im Schulgarten?

f) Wie viele Räder waren in Ordnung?

g) Wieviel kostet ein Fußball?

h) Wieviel muß jeder bezahlen?

2 Die Schule hat 125 Fahrradständer. In diesem Jahr möchten 133 Kinder mit dem Rad zur Schule fahren.

F.: _____
R.: _____
A.: _____

3 Auf dem Flughafen sind gestern 104 Flugzeuge gelandet, 95 sind wieder abgeflogen.

F.: _____
R.: _____
A.: _____

26   zu Seite 38

Körper und Flächen

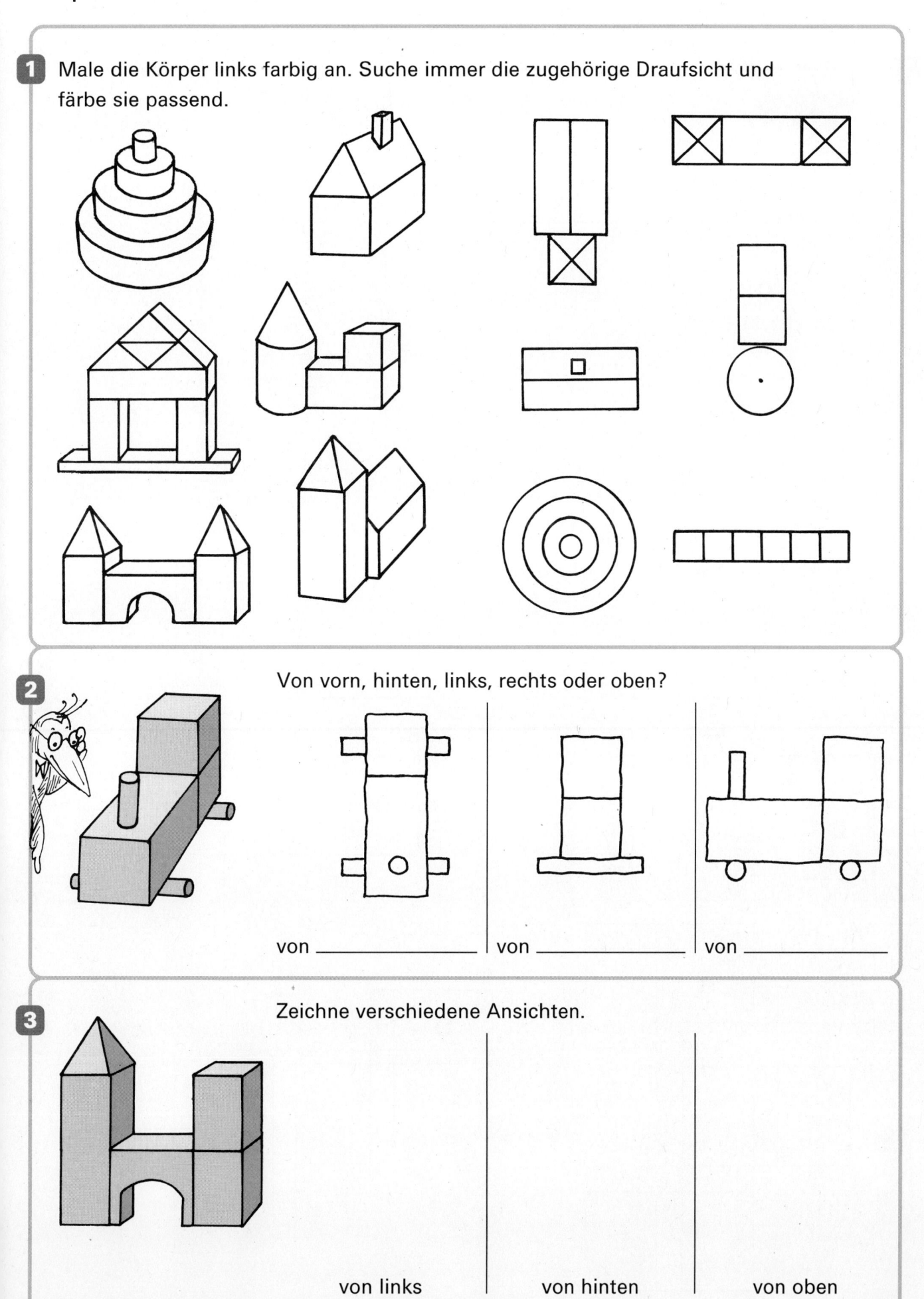

1 Male die Körper links farbig an. Suche immer die zugehörige Draufsicht und färbe sie passend.

2 Von vorn, hinten, links, rechts oder oben?

von _____ | von _____ | von _____

3 Zeichne verschiedene Ansichten.

von links | von hinten | von oben

zu Seite 41

Quader

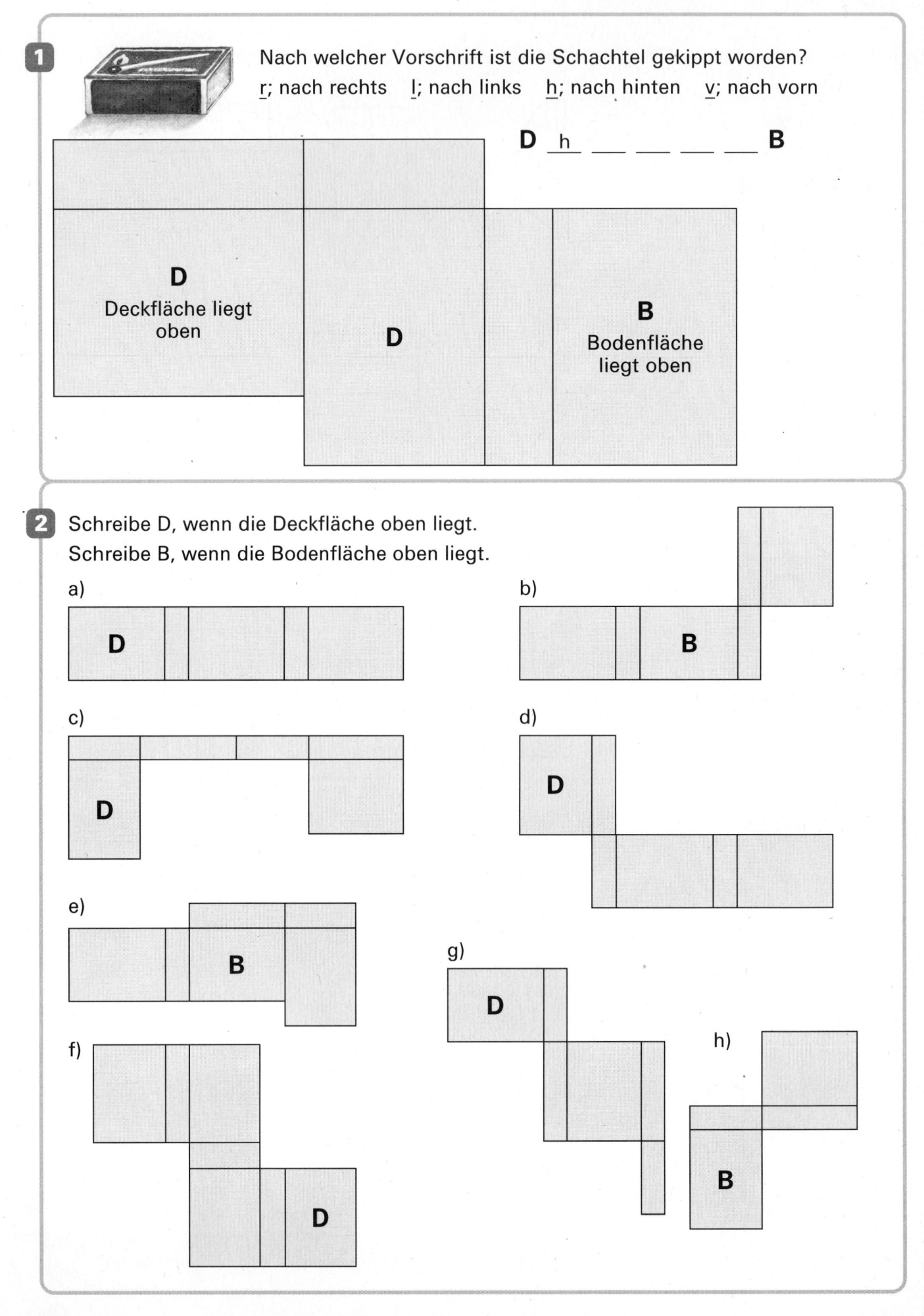

1 Nach welcher Vorschrift ist die Schachtel gekippt worden?
r; nach rechts   l; nach links   h; nach hinten   v; nach vorn

D _h_ __ __ __ __ B

| D Deckfläche liegt oben | D | B Bodenfläche liegt oben |

2 Schreibe D, wenn die Deckfläche oben liegt.
Schreibe B, wenn die Bodenfläche oben liegt.

a) D

b) B

c) D

d) D

e) B

f) D

g) D

h) B

Hunderterübergang mit Einern

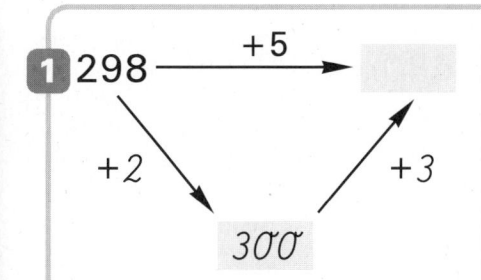

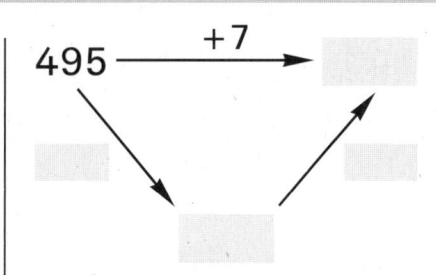

1)
- 298 →+5→ ___ ; +2→ 300 ; +3→
- 495 →+7→ ___ ;
- 697 →+8→ ___

2)

+6			+9	
197			895	
495			297	
698			596	
396			792	

3)

+	7		8	
198				
896				902
599		604		

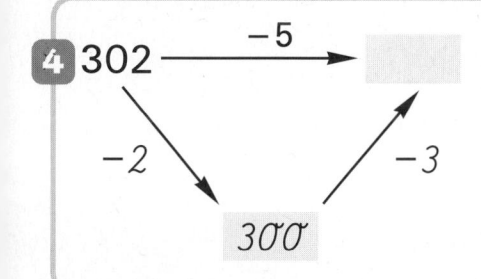

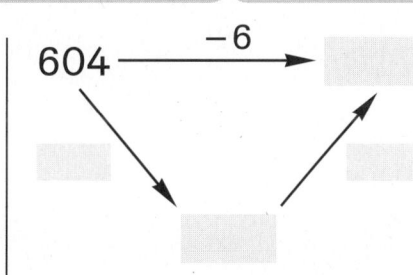

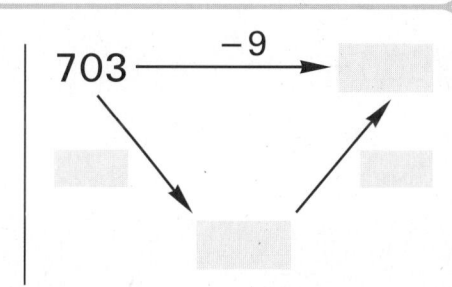

4)
- 302 →−5→ ___ ; −2→ 300 ; −3→
- 604 →−6→ ___
- 703 →−9→ ___

5)

−7			−8	
203			404	
601			801	
506			705	
904			307	

6)

−	6	9		
602				595
901		896		
504				

7) Rechne in der angegebenen Reihenfolge und verbinde die Ergebniszahlen.

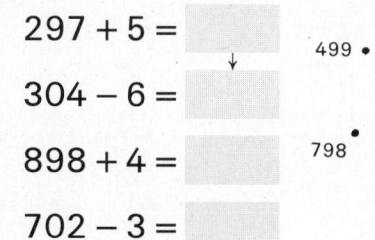

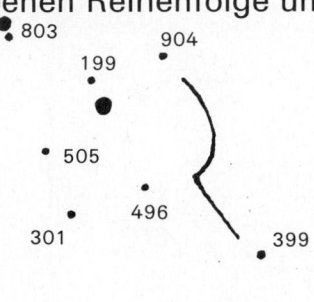

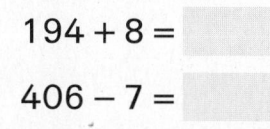

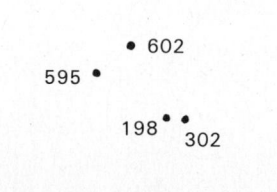

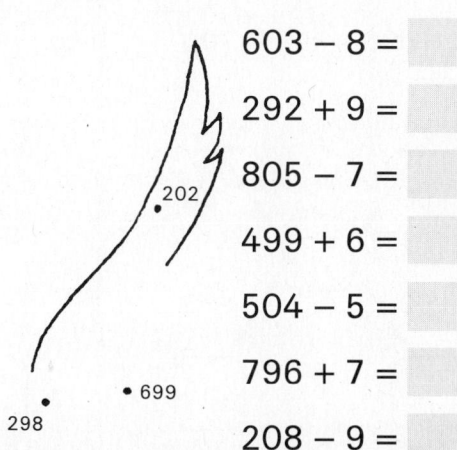

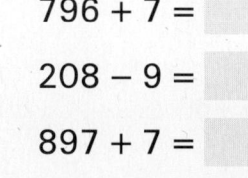

297 + 5 =	603 − 8 =
304 − 6 =	292 + 9 =
898 + 4 =	805 − 7 =
702 − 3 =	499 + 6 =
194 + 8 =	504 − 5 =
406 − 7 =	796 + 7 =
593 + 9 =	208 − 9 =
203 − 5 =	897 + 7 =
894 + 9 =	505 − 9 =

zu Seite 44

Hunderterübergang mit Zehnern

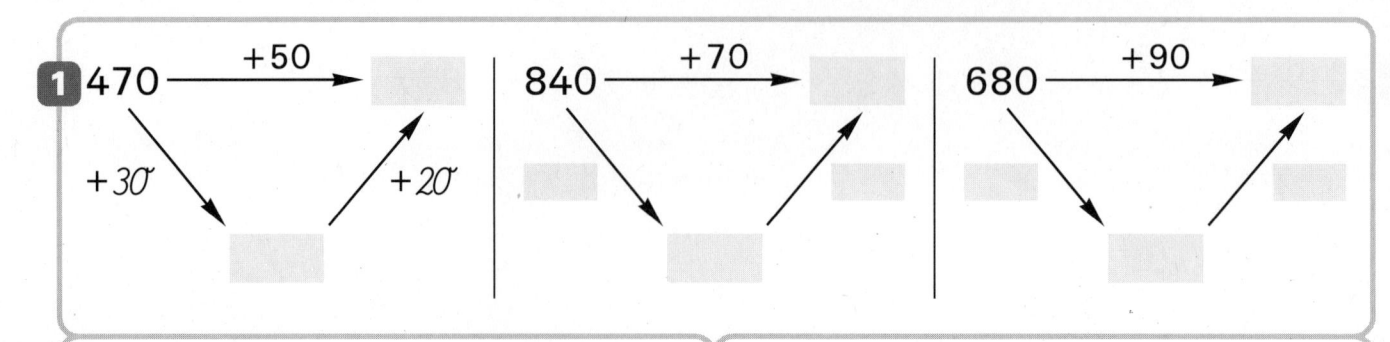

1 470 →+50→ ☐ ; +30↘ ☐ ↗+20
840 →+70→ ☐ ; ☐ ↘ ↗ ☐
680 →+90→ ☐ ; ☐ ↘ ↗ ☐

2

+60	
280	
750	
390	
470	

+80	
870	
160	
380	
550	

3

+	40	70	
270		330	
480			
660			750

4 650 →−70→ ☐ ; −50↘ ☐ ↗−20
720 →−80→ ☐
940 →−60→ ☐

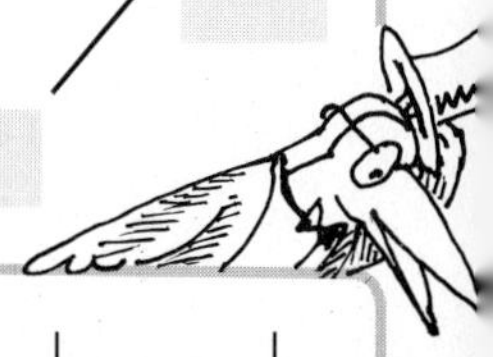

5

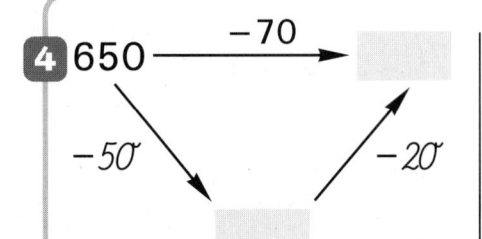

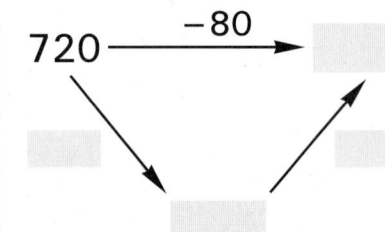

−50	
620	
810	
430	
940	

−70	
520	
710	
240	
350	

6

−	50		40	
920				830
310		250		
630				

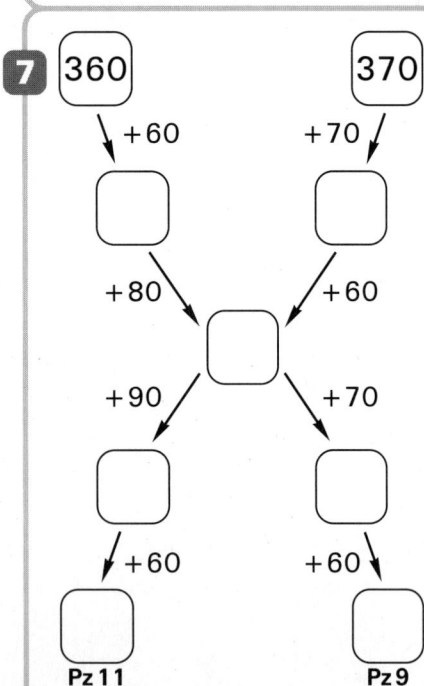

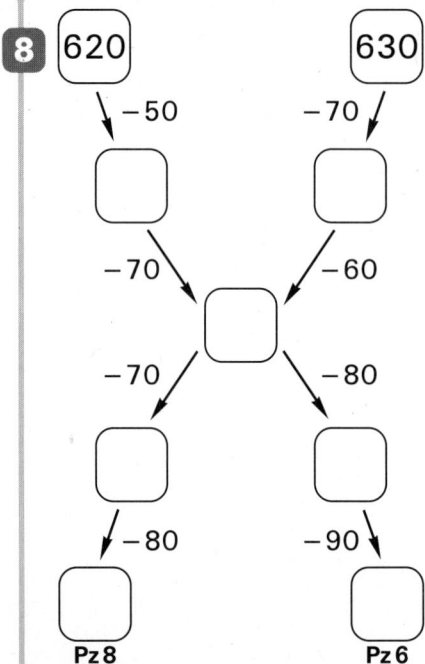

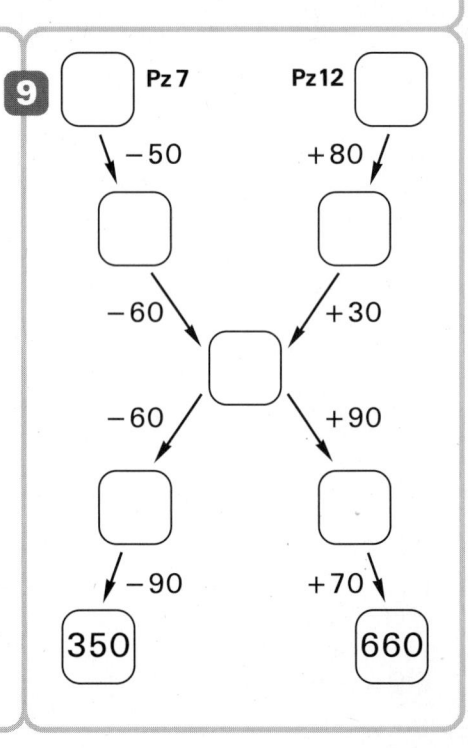

7 360 ... 370
+60↓ +70↓
☐   ☐
+80↘ ↙+60
  ☐
+90↙ ↘+70
☐   ☐
+60↓ +60↓
Pz 11   Pz 9

8 620 ... 630
−50↓ −70↓
☐   ☐
−70↘ ↙−60
  ☐
−70↙ ↘−80
☐   ☐
−80↓ −90↓
Pz 8   Pz 6

9 Pz 7 ... Pz 12
−50↓ +80↓
☐   ☐
−60↘ ↙+30
  ☐
−60↙ ↘+90
☐   ☐
−90↓ +70↓
350   660

30   zu Seite 45

Hunderterübergang

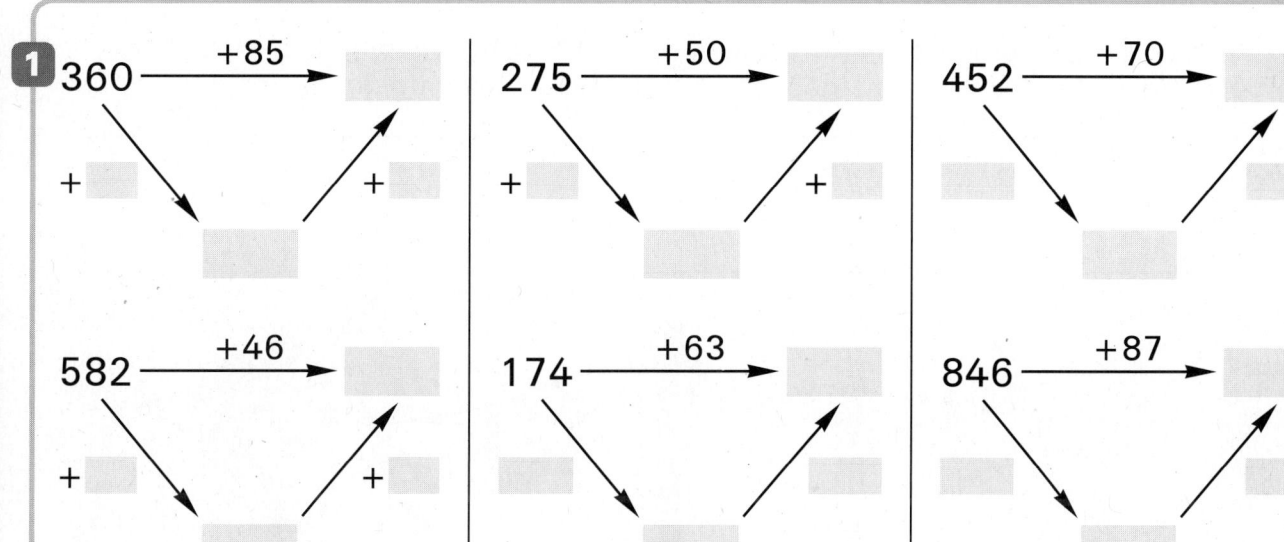

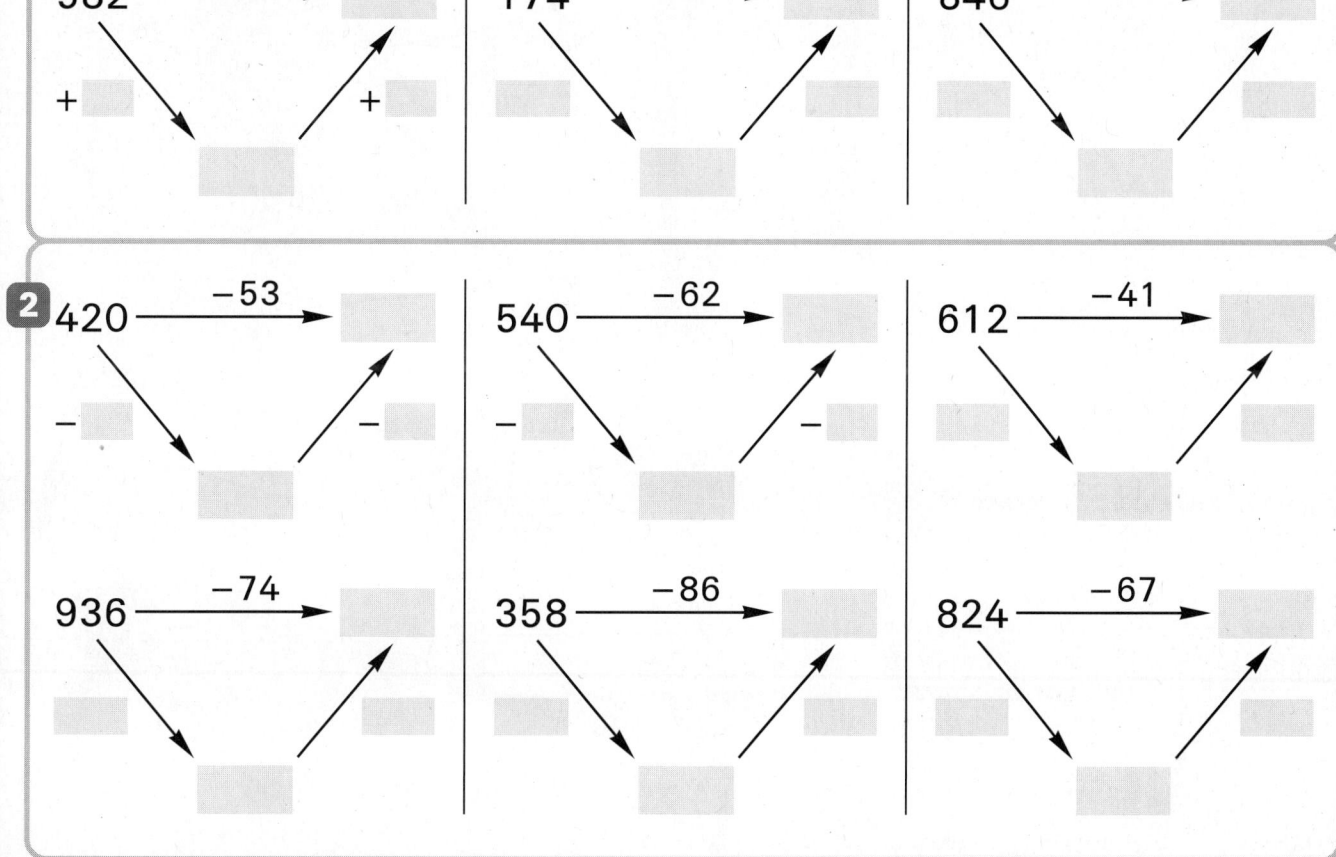

1

360 —+85→ ☐   275 —+50→ ☐   452 —+70→ ☐
+☐ ↘ ↗ +☐   +☐ ↘ ↗ +☐   ↘ ↗
☐   ☐   ☐

582 —+46→ ☐   174 —+63→ ☐   846 —+87→ ☐
+☐ ↘ ↗ +☐   ↘ ↗   ↘ ↗
☐   ☐   ☐

2

420 —−53→ ☐   540 —−62→ ☐   612 —−41→ ☐
−☐ ↘ ↗ −☐   −☐ ↘ ↗ −☐   ↘ ↗
☐   ☐   ☐

936 —−74→ ☐   358 —−86→ ☐   824 —−67→ ☐
☐ ↘ ↗   ↘ ↗   ↘ ↗
☐   ☐   ☐

3 Rechne in der angegebenen Reihenfolge und verbinde die Ergebniszahlen.

280 + 50 = ☐   970 − 90 = ☐
310 − 60 = ☐   340 + 80 = ☐
470 + 45 = ☐   424 − 60 = ☐
520 − 35 = ☐   862 + 70 = ☐
685 + 60 = ☐   710 − 83 = ☐
915 − 40 = ☐   541 + 90 = ☐
785 + 32 = ☐   654 − 72 = ☐
835 − 41 = ☐   256 + 63 = ☐
565 + 73 = ☐   423 − 51 = ☐

zu Seite 46

31

Halbschriftlich zusammenzählen und wegnehmen

Was spielen die Kinder? Ordne die Ergebnisse nach der Größe. Beginne mit der größten Zahl. Die Buchstaben ergeben in der richtigen Reihenfolge die Lösung.

945									
K									

960 − 340 = ®

240 + 350 = Ⓩ

670 − 193 = ®

810 − 440 = Ⓤ

190 + 470 = Ⓔ

385 + 560 = 945 Ⓚ
385 + 500 = 885
885 + 60 = 945

430 + 294 = Ⓓ

530 − 282 = Ⓢ

920 − 175 = Ⓝ

576 − 180 = Ⓚ

650 + 278 = Ⓘ

850 − 261 = Ⓘ

32 zu Seite 47

Halbschriftlich zusammenzählen und wegnehmen

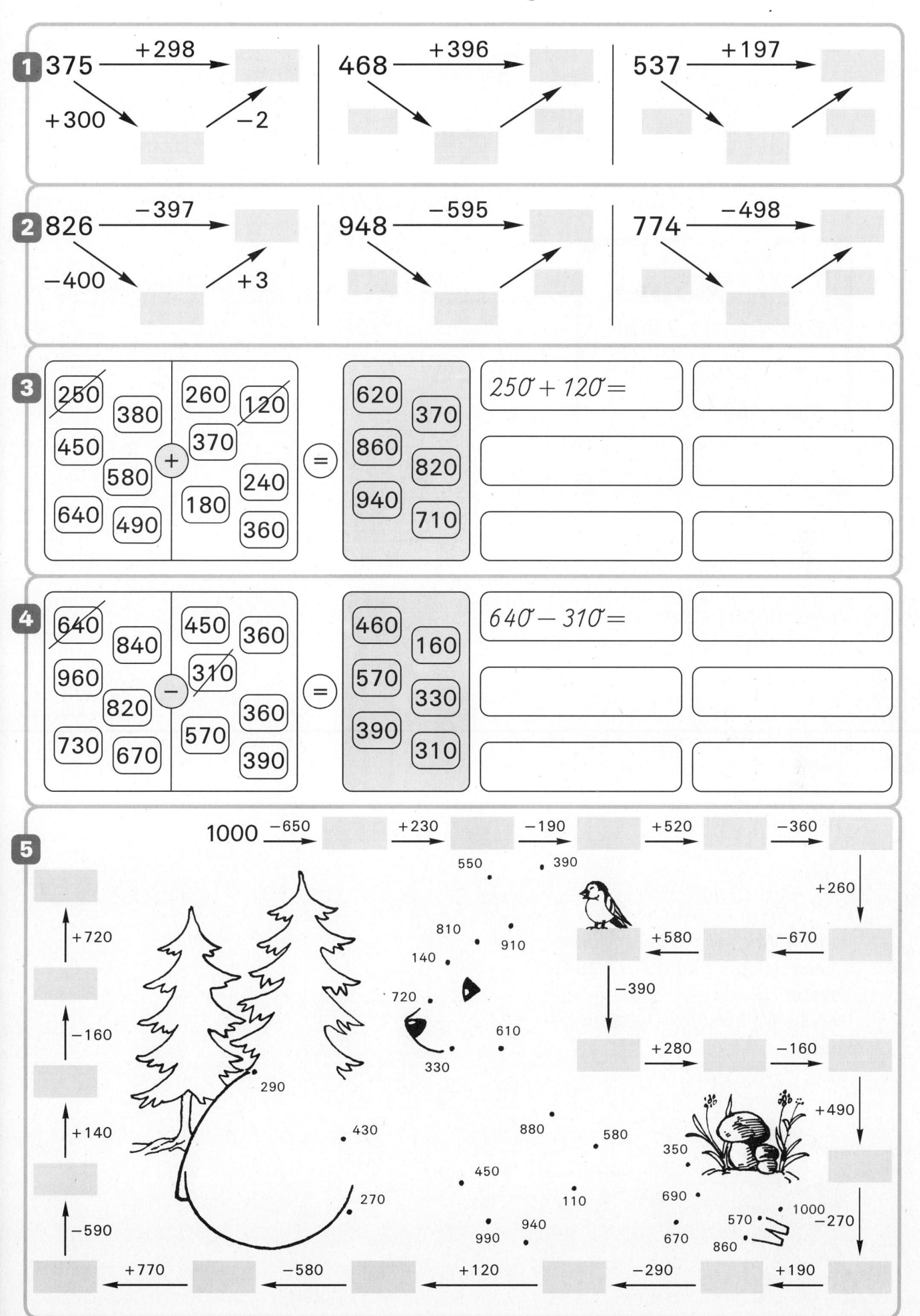

1 375 →+298→ ☐   468 →+396→ ☐   537 →+197→ ☐
   +300↘   ↗−2   ↘   ↗   ↘   ↗

2 826 →−397→ ☐   948 →−595→ ☐   774 →−498→ ☐
   −400↘   ↗+3   ↘   ↗   ↘   ↗

3 250̸ 380 260 120̸ | 620 370 | 250 + 120 =
   450 580 370 240 | 860 820
   640 490 180 360 | 940 710   + =

4 640̸ 840 450 360̸ | 460 160 | 640 − 310 =
   960 820 310̸ 360 | 570 330
   730 670 570 390 | 390 310   − =

5 1000 →−650→ ☐ →+230→ ☐ →−190→ ☐ →+520→ ☐ →−360→ ☐
                                                        ↓+260
                                          ☐ ←+580← ☐ ←−670← ☐
                                                ↓−390
                                          ☐ →+280→ ☐ →−160→ ☐
                                                              ↓+490
   ☐ ↑+720 ☐ ↑−160 ☐ ↑+140 ☐ ↑−590   ☐
   ☐ ←+770← ☐ ←−580← ☐ ←+120← ☐ ←−290← ☐ ←+190← ☐

zu Seite 47

33

Sachaufgaben

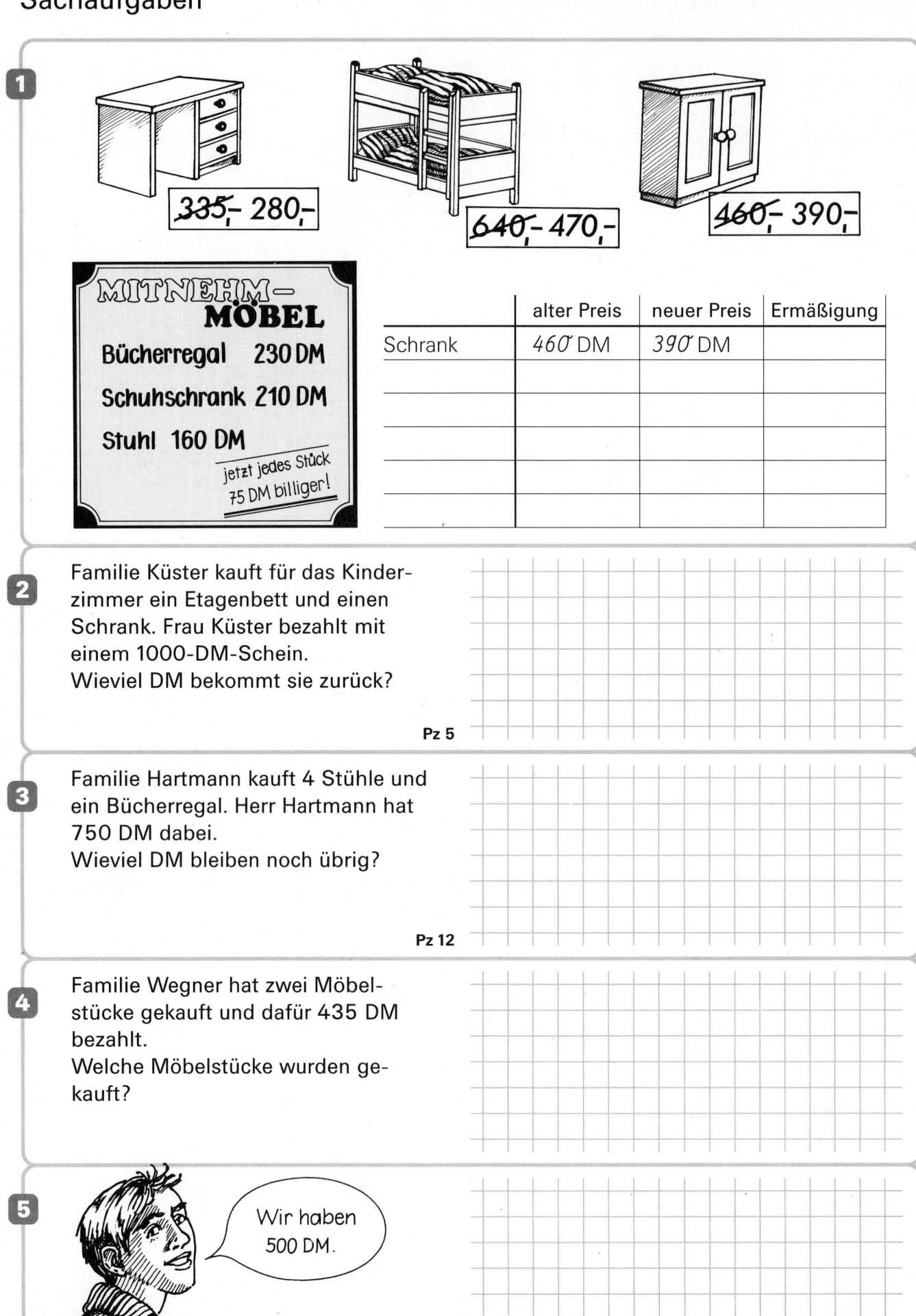

1

~~335,-~~ 280,-   ~~640,-~~ 470,-   ~~460,-~~ 390,-

MITNEHM-MÖBEL
Bücherregal 230 DM
Schuhschrank 210 DM
Stuhl 160 DM
jetzt jedes Stück 75 DM billiger!

	alter Preis	neuer Preis	Ermäßigung
Schrank	460 DM	390 DM	

2 Familie Küster kauft für das Kinderzimmer ein Etagenbett und einen Schrank. Frau Küster bezahlt mit einem 1000-DM-Schein.
Wieviel DM bekommt sie zurück?

Pz 5

3 Familie Hartmann kauft 4 Stühle und ein Bücherregal. Herr Hartmann hat 750 DM dabei.
Wieviel DM bleiben noch übrig?

Pz 12

4 Familie Wegner hat zwei Möbelstücke gekauft und dafür 435 DM bezahlt.
Welche Möbelstücke wurden gekauft?

5 Wir haben 500 DM.

34   zu Seite 48/49

Längen

1 Die Kinder machen Angaben über ihren Schulweg. Finde die fehlenden Angaben.

	Entfernung in Schritten	Entfernung in m (ungefähr)
Susanne	600	300 m
Martin	450	
Torben		420 m
Simone		250 m
Klaus-Peter	900	

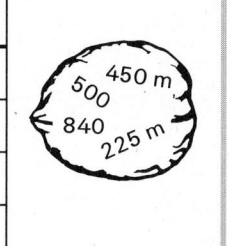

450 m 500 840 225 m

2 Ordne die Längenangaben richtig zu:

Susanne aus der Klasse 3b ist _____ groß.
Beim Ausflug sind wir _____ gewandert.
Der Filzschreiber ist _____ lang.
Martins großer Bruder kann _____ weit werfen.
Zu unserem Urlaubsort sind wir _____ gefahren.
Der Schulbus ist _____ lang.

58 m   12 m   16 cm   385 km   136 cm   7 km

3 Berechne die Entfernungen:

München – Frankfurt	___ km
Würzburg – Dresden	
München – Kassel	
Stuttgart – Köln	
Köln – Berlin	
Würzburg – Hannover	
Leipzig – Frankfurt	
Nürnberg – Düsseldorf	

390 km   615 km   375 km   390 km   470 km   380 km   480 km   460 km

4

245 cm	134 cm		402 cm		80 cm
2 m 45 cm		3 m 50 cm		6 m 25 cm	

5 Beim Weitsprung: „Im nächsten Jahr können wir 40 cm weiter springen!"

	in diesem Jahr	im nächsten Jahr
Petra	2 m 16 cm	___ m ___ cm
Ulla	1 m 98 cm	
Roland	2 m 36 cm	
Uli	2 m 71 cm	

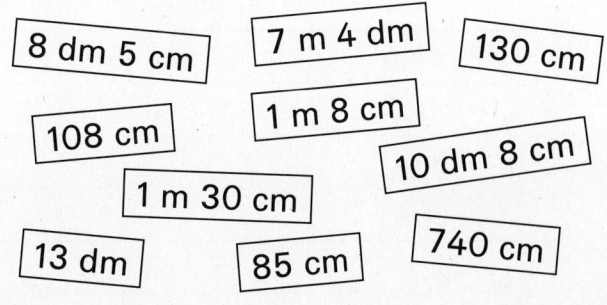

6 Male gleiche Längenangaben mit derselben Farbe an!

8 dm 5 cm   7 m 4 dm   130 cm   108 cm   1 m 8 cm   10 dm 8 cm   1 m 30 cm   13 dm   85 cm   740 cm

zu Seite 51/52

Längen

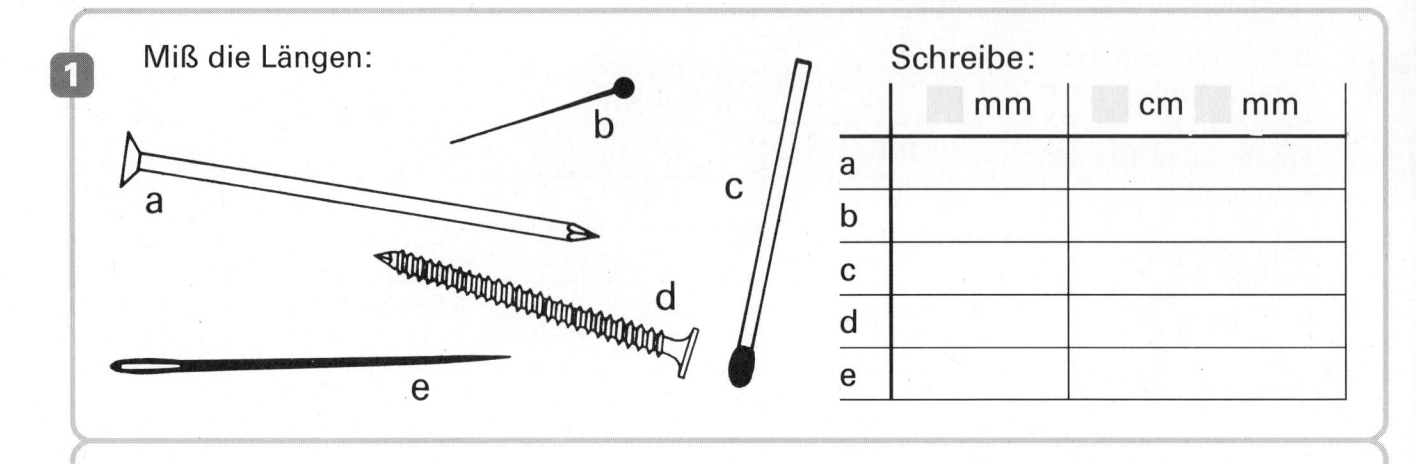

1 Miß die Längen: Schreibe:

	▓ mm	▓ cm ▓ mm
a		
b		
c		
d		
e		

2 Verbinde die Punkte der Reihe nach und bestimme die gesamte Länge.

a)
b)
c)

3

32 mm		60 mm		120 mm	200 mm
3 cm ▓ mm	1 cm 8 mm		7 cm 1 mm		

4 Male gleiche Längenangaben mit derselben Farbe an.

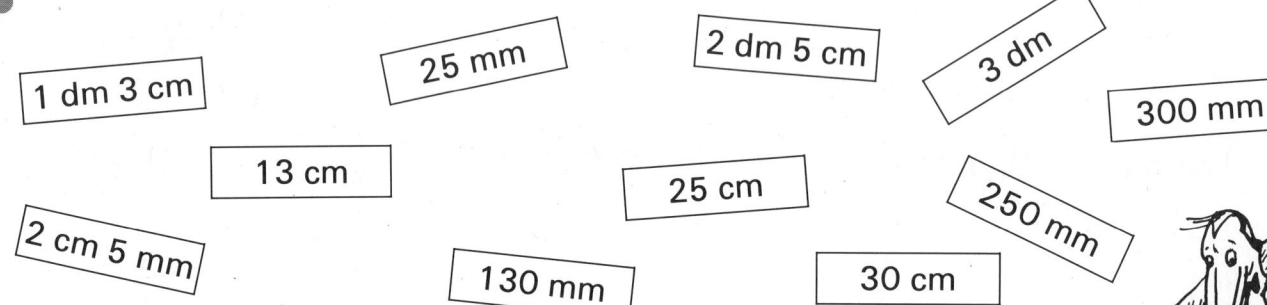

1 dm 3 cm   25 mm   2 dm 5 cm   3 dm   300 mm
13 cm   25 cm   250 mm
2 cm 5 mm   130 mm   30 cm

5 Die Schüler haben neue Buntstifte bekommen, alle 16 cm lang. Beim Anspitzen wird der Buntstift ungefähr 6 mm kürzer.
Wie lang sind die Buntstifte noch? Rechne in der Tabelle:

Der Buntstift gehört	so oft wurde angespitzt	der Buntstift wurde ... kürzer	so lang ist der Stift jetzt noch
Florian	1 mal	6 mm	15 cm ▓ mm
Inga	3 mal		
Olaf		30 mm	
Petra			10 cm
Ulla	8 mal		

zu Seite 53

Wiederholen und üben

1 Welche Zahlen fängst du mit den Netzen ein? Zeichne und rechne.

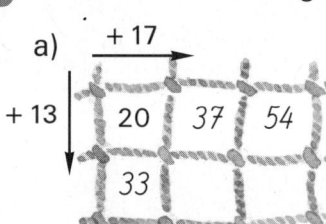

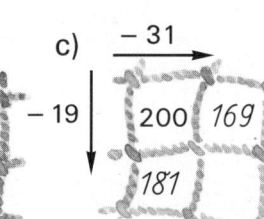

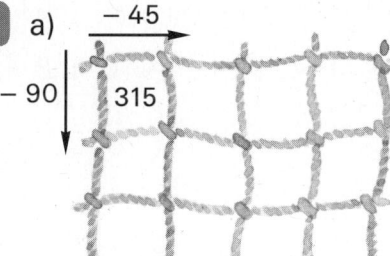

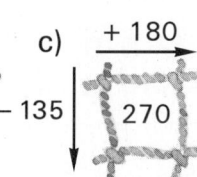

a) +17 / +13; 20, 37, 54; 33; 46

b) +150 / +75; 325

c) −31 / −19; 200, 169; 181

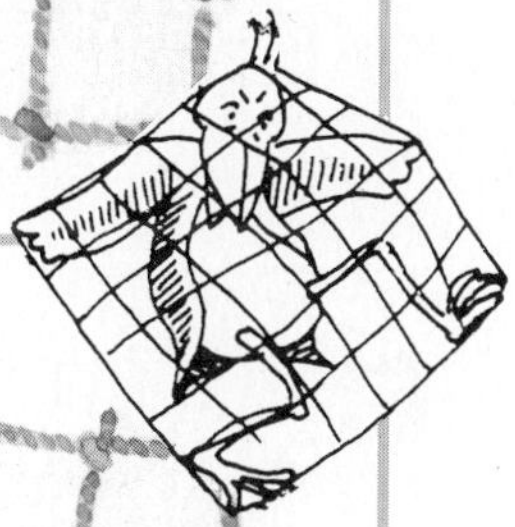

2 a) −45 / −90; 315

b) −30 / +45; 500

c) +180 / −135; 270

3 Zahlenmauern mit Zahlen aus dem Einmaleins

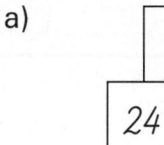

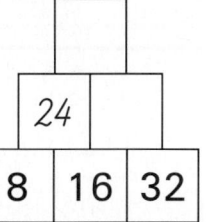

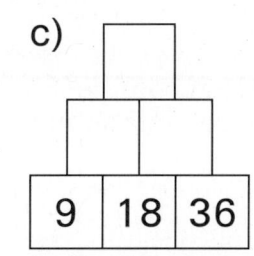

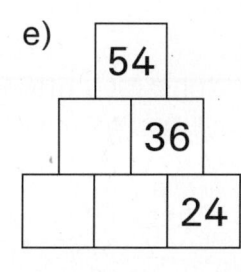

a) 24; 8, 16, 32

Welche Achterzahlen kommen nicht vor? ☐, ☐, ☐, 80

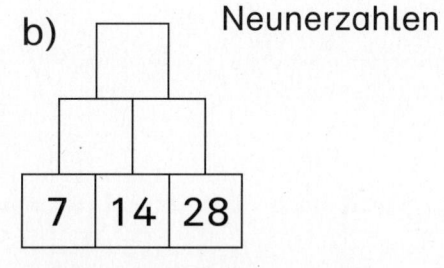

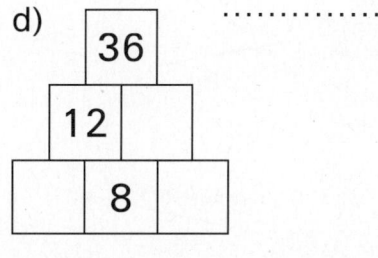

b) 7, 14, 28 — Siebenerzahlen

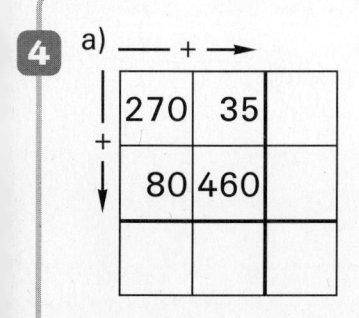

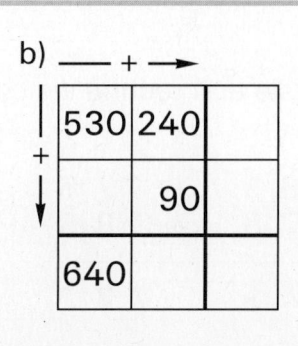

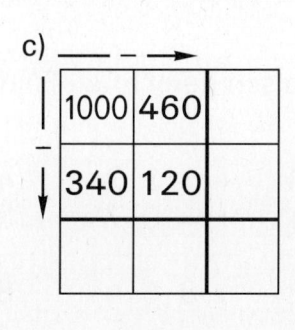

c) 9, 18, 36 — Neunerzahlen

d) 36; 12; 8

e) 54; 36; 24

4

a) + →, ↓+
270	35	
80	460	

b) + →, ↓+
530	240	
	90	
640		

c) − →, ↓−
1000	460	
340	120	

d) − →, ↓−
	340	410
	190	150

Schriftlich zusammenzählen

1

H Z E	H Z E	H Z E	H Z E	H Z E	H Z E
3 4 5	4 2 8	5 9 3	4 7 5	2 4 7	4 9 6
+2 1 3	+5 6 1	+2 6 4	+3 8 6	+6 9 8	+4 7 7

Immer zwei Aufgaben haben dasselbe Ergebnis!

4 1 2	1 0 6	3 4 7	2 1 6	3 7 6	1 8 7
+1 3 4	+2 3 5	+2 2 6	+4 9 2	+2 0 9	+4 3 4
+3 1 1	+2 1 7	+4 0 0	+2 3 7	+2 7 6	+3 6 8

2

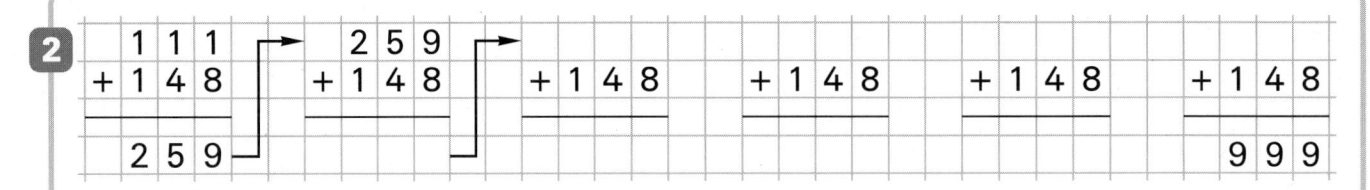

1 1 1	2 5 9				
+1 4 8	+1 4 8	+1 4 8	+1 4 8	+1 4 8	+1 4 8
2 5 9					9 9 9

Immer mit dem Ergebnis weiterrechnen!

5 8					
+1 5 7	+1 5 7	+1 5 7	+1 5 7	+1 5 7	+1 5 7
					1 0 0 0

3 Schreibe untereinander und zähle zusammen.
Immer zwei Aufgaben haben dasselbe Ergebnis.

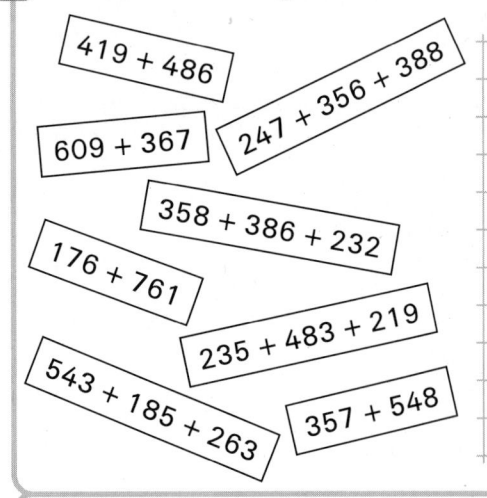

- 419 + 486
- 247 + 356 + 388
- 609 + 367
- 358 + 386 + 232
- 176 + 761
- 235 + 483 + 219
- 543 + 185 + 263
- 357 + 548

4 Zwei Aufgaben sind falsch gerechnet. Finde sie und rechne sie dann richtig.

2 5 4		3 2 5		2 1 6	
+1 0 9	4 2 8	+1 3 2	4 6 5	+ 7 6	
+3 6 2	+5 5 4	+4 0 7	+3 7 8	+3 8 5	
7 2 5	9 7 2	8 6 4	8 4 3	7 7 7	

Schriftlich zusammenzählen

1 Zähle zusammen. Ordne die Ergebnisse nach der Größe. Beginne mit der größten Zahl. Die Buchstaben ergeben in der richtigen Reihenfolge ein Lösungswort.

S	M	M	E	U
135 + 678 + 175 = **988**	306 + 283 + 389 = **978**	436 + 461 + 89 = **986**	91 + 508 + 369 = **968**	457 + 236 + 294 = **987**

Lösungswort: **S U M M E**

2
- Meine Zahl ist doppelt so groß wie 456. → **912**
- Wenn ich von meiner Zahl 234 wegnehme, erhalte ich 487. → **721**
- Wenn ich 187, 96 und 209 zusammenzähle, erhalte ich die Hälfte meiner Zahl. → **984**

3 Sechs Aufgaben sind falsch gerechnet. Finde sie und rechne sie dann richtig.

286 + 357 = 643 ✓	483 + 496 = 978 ✗ (richtig: **979**)	350 + 286 = 626 ✗ (richtig: **636**)	197 + 545 = 742 ✓	373 + 489 = 762 ✗ (richtig: **862**)	445 + 357 = 802 ✓
262 + 271 + 309 = 842 ✓	413 + 164 + 272 = 749 ✗ (richtig: **849**)	508 + 184 + 197 = 899 ✗ (richtig: **889**)	336 + 295 + 183 = 814 ✓	443 + 209 + 281 = 933 ✓	346 + 190 + 327 = 763 ✗ (richtig: **863**)

Ergänzen – Unterschied

1 Schreibe als Ergänzungsaufgabe, rechne dann.

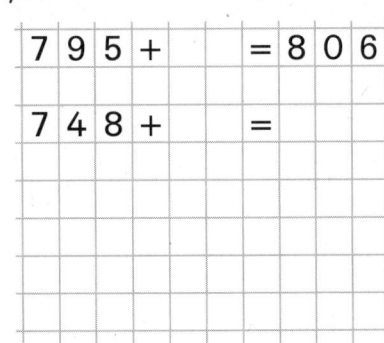

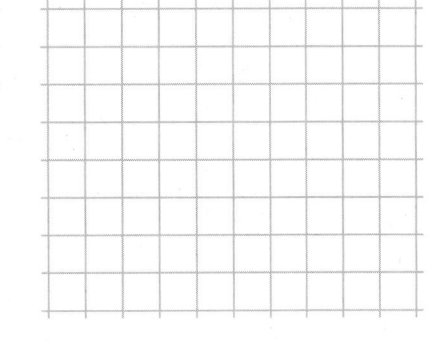

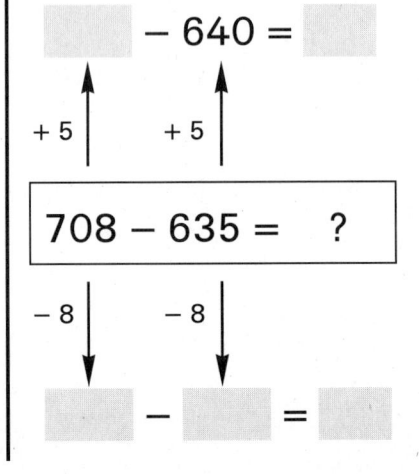

806 – 795 =
766 – 748 =
724 – 690 =
902 – 885 =
342 – 315 =
520 – 499 =
694 – 670 =
857 – 815 =
214 – 198 =
478 – 450 =
533 – 490 =
608 – 575 =

795 + ☐ = 806
748 + ☐ = ☐

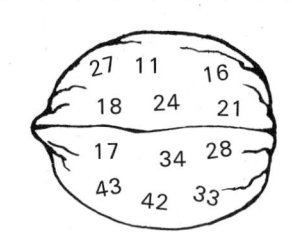

(Walnuss mit Zahlen: 27, 11, 16, 18, 24, 21, 17, 34, 28, 43, 42, 33)

2 Axel sammelt Briefmarken. Er hat schon 648 Stück. Sein Freund Olaf hat erst 594 Briefmarken. Berechne den Unterschied.

R.: _____
A.: _____

3 Sie kaufen sich gemeinsam eine Packung von 100 Briefmarken, die sie sich teilen.
a) Wie viele Briefmarken hat nun jeder der beiden?
b) Berechne nun den Unterschied.

Lösung von a)
R.: _____
A.: _____

Lösung von b)
R.: _____
A.: _____

4

90 – 37 = ☐   ☐ – 168 = ☐   ☐ – 640 = ☐
↑ +3 ↑ +3   ↑ +5 ↑ +5   ↑ +5 ↑ +5
87 – 34 = ?   195 – 163 = ?   708 – 635 = ?
↓ –4 ↓ –4   ↓ –3 ↓ –3   ↓ –8 ↓ –8
83 – 30 = ☐   ☐ – 160 = ☐   ☐ – ☐ = ☐

zu Seite 62

Schriftlich wegnehmen

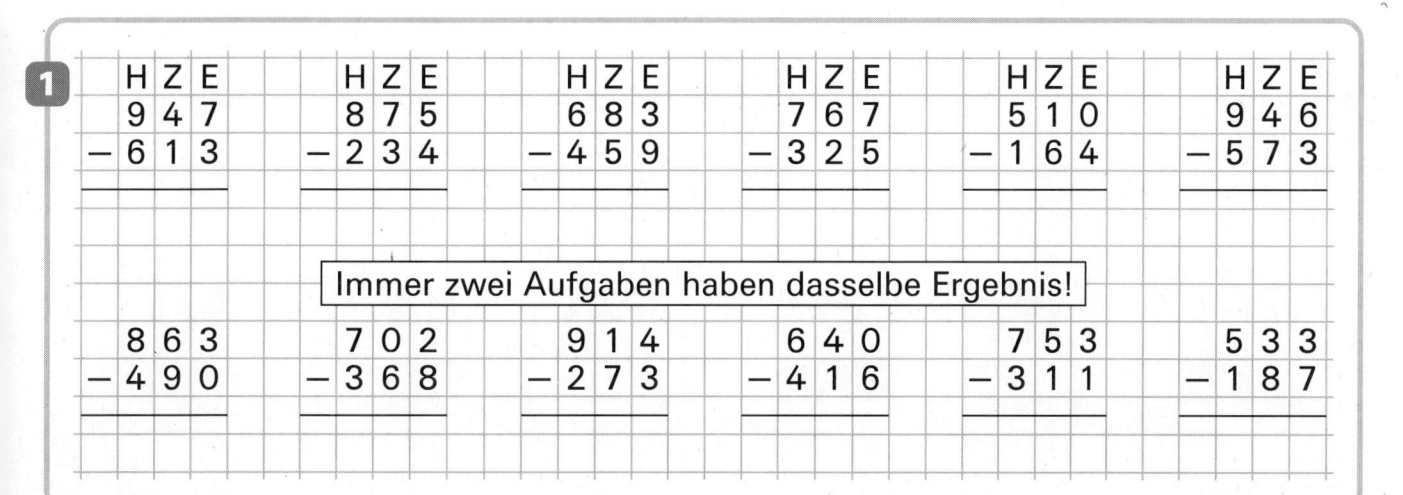

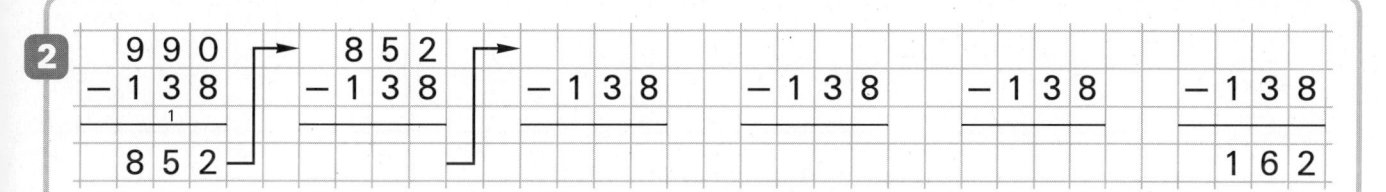

1

H Z E	H Z E	H Z E	H Z E	H Z E	H Z E
9 4 7	8 7 5	6 8 3	7 6 7	5 1 0	9 4 6
− 6 1 3	− 2 3 4	− 4 5 9	− 3 2 5	− 1 6 4	− 5 7 3

Immer zwei Aufgaben haben dasselbe Ergebnis!

8 6 3	7 0 2	9 1 4	6 4 0	7 5 3	5 3 3
− 4 9 0	− 3 6 8	− 2 7 3	− 4 1 6	− 3 1 1	− 1 8 7

2

9 9 0	8 5 2				
− 1 3 8	− 1 3 8	− 1 3 8	− 1 3 8	− 1 3 8	− 1 3 8
8 5 2					1 6 2

Immer mit dem Ergebnis weiterrechnen!

9 7 5					
− 1 4 6	− 1 4 6	− 1 4 6	− 1 4 6	− 1 4 6	− 1 4 6
					9 9

3 Schreibe untereinander und ziehe ab.
Immer zwei Aufgaben haben dasselbe Ergebnis.

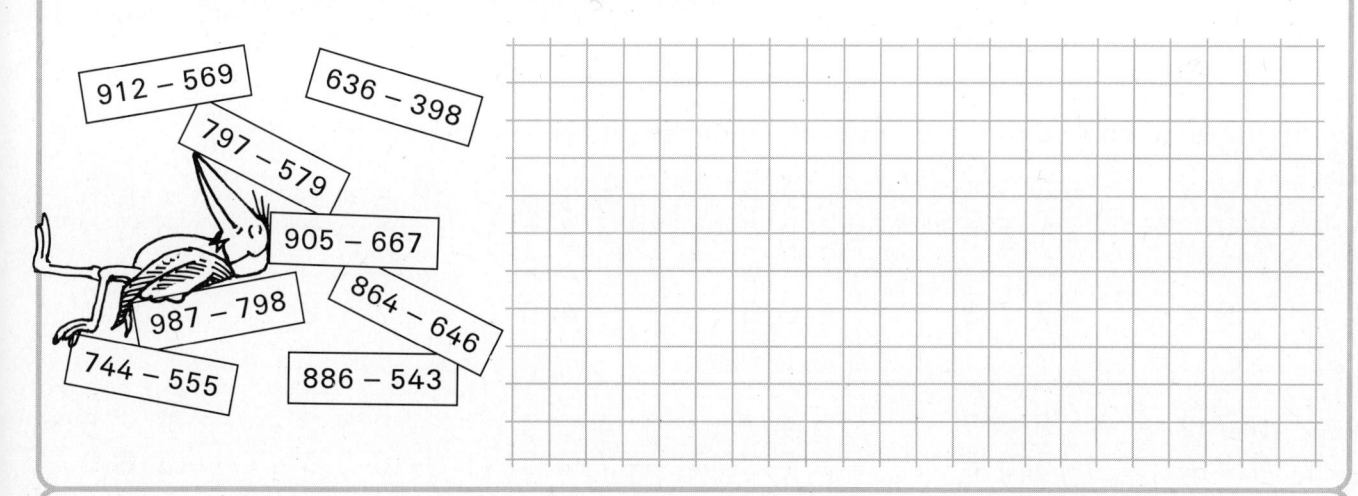

912 − 569
636 − 398
797 − 579
905 − 667
987 − 798
864 − 646
744 − 555
886 − 543

4 Zwei Aufgaben sind falsch gerechnet. Finde sie und rechne sie dann richtig.

8 6 2	7 0 4	6 3 5	9 6 0	5 9 3
− 3 4 5	− 3 3 1	− 4 8 2	− 3 7 8	− 2 8 6
5 1 7	3 7 3	2 5 3	5 8 2	3 1 7

Schriftlich wegnehmen

1 Nimm weg. Schreibe richtig untereinander und ordne die Ergebnisse nach der Größe. Beginne mit der kleinsten Zahl. Die Buchstaben ergeben in der richtigen Reihenfolge ein Lösungswort.

R	F	T	G	E	I
510 342	185 342	694 863	616 427	743 907	471 289

Lösungswort: ☐ ☐ ☐ ☐ ☐ ☐

2

– Wenn ich zu meiner Zahl 393 dazuzähle, erhalte ich 939.

– Meine Zahl ist um 676 kleiner als 850.

– Meine Zahl ist um 155 kleiner als der Unterschied zwischen 672 und 309.

3 Fünf Aufgaben sind falsch gerechnet. Finde sie und rechne sie dann richtig.

```
  8 0 4      9 6 3      7 1 8      5 3 5      6 0 6      4 6 0
– 6 7 6    – 1 8 5    – 2 0 9    – 4 8 7    – 3 9 8    – 2 9 3
─────────  ─────────  ─────────  ─────────  ─────────  ─────────
  1 2 8      7 7 8      5 0 9      1 4 8      2 1 8      1 6 7


  6 7 2      8 4 7      5 4 6      4 0 8      9 8 3      7 4 5
– 3 8 4    – 5 5 6    – 3 7 2    – 1 9 3    – 6 9 5    – 3 8 6
─────────  ─────────  ─────────  ─────────  ─────────  ─────────
  3 8 8      2 9 1      1 7 4      2 1 5      2 9 8      3 6 7
```

Schriftlich rechnen mit Geldbeträgen

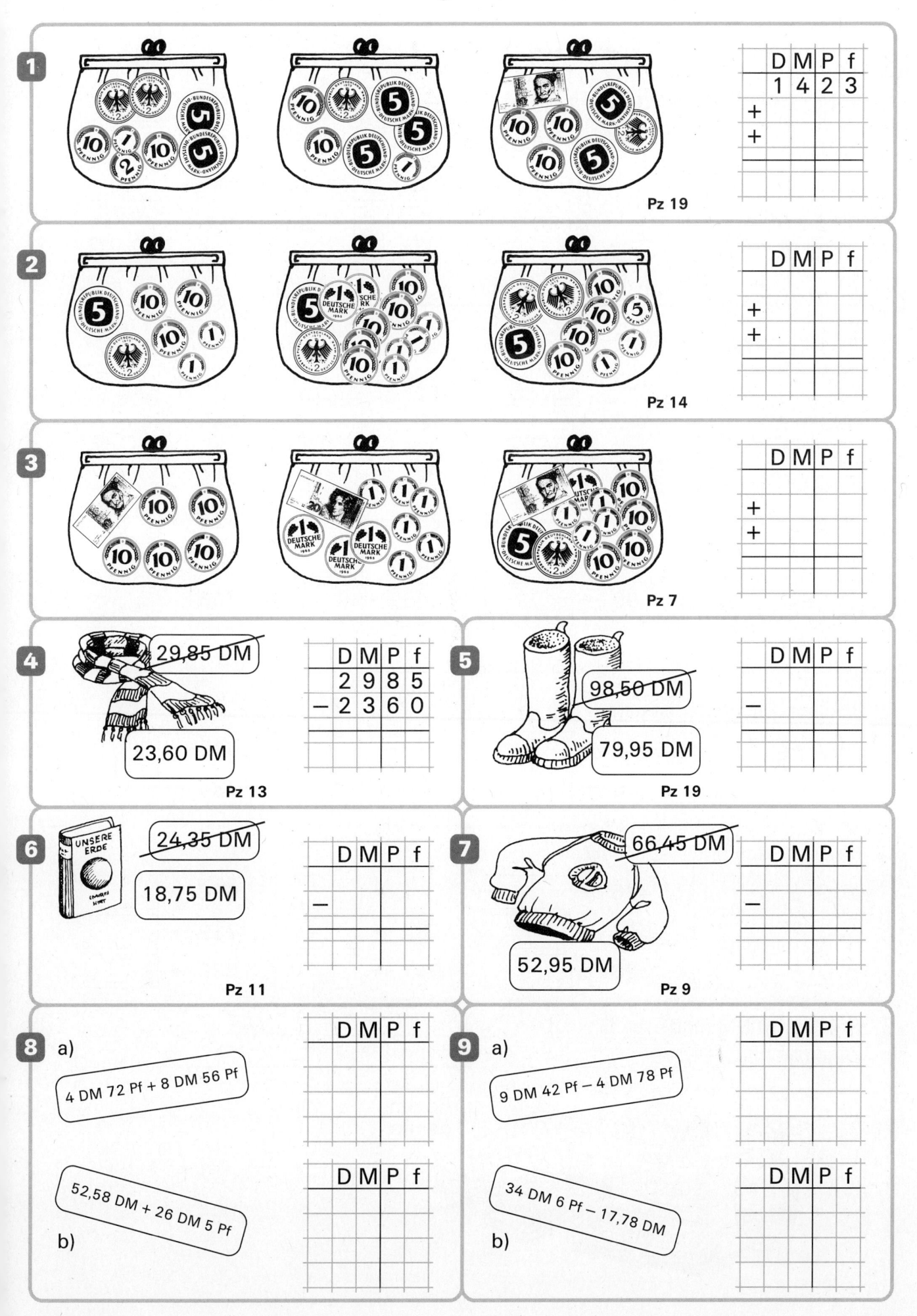

1

	D	M	P	f
	1	4	2	3
+				
+				

Pz 19

2

	D	M	P	f
+				
+				

Pz 14

3

	D	M	P	f
+				
+				

Pz 7

4 29,85 DM / 23,60 DM

	D	M	P	f
	2	9	8	5
−	2	3	6	0

Pz 13

5 98,50 DM / 79,95 DM

	D	M	P	f
−				

Pz 19

6 24,35 DM / 18,75 DM

	D	M	P	f
−				

Pz 11

7 66,45 DM / 52,95 DM

	D	M	P	f
−				

Pz 9

8
a) 4 DM 72 Pf + 8 DM 56 Pf

	D	M	P	f

b) 52,58 DM + 26 DM 5 Pf

	D	M	P	f

9
a) 9 DM 42 Pf − 4 DM 78 Pf

	D	M	P	f

b) 34 DM 6 Pf − 17,78 DM

	D	M	P	f

zu Seite 67

Überschlagen

1 Welcher volle DM-Betrag ist näher?

6,82 DM → ☐	12,45 DM → ☐	34,54 DM → ☐
4,07 DM → ☐	19,80 DM → ☐	61,48 DM → ☐
5,38 DM → ☐	10,04 DM → ☐	49,50 DM → ☐
0,72 DM → ☐	13,90 DM → ☐	82,05 DM → ☐

2 (Zahlenstrahl 380–470 mit Pfeilen bei ca. 386, 403, 407)

Welcher Zehner ist näher?

| 386 → ☐ | 407 → ☐ | 435 → ☐ | 452 → ☐ |
| 403 → ☐ | 413 → ☐ | 424 → ☐ | 446 → ☐ |

3 Welcher Zehner ist näher?

79 → ☐	82 → ☐	234 → ☐	524 → ☐
84 → ☐	53 → ☐	185 → ☐	608 → ☐
37 → ☐	96 → ☐	405 → ☐	796 → ☐

4 (Zahlenstrahl 100–1000 mit Pfeil bei ca. 160)

Welcher Hunderter ist näher?

| 160 → ☐ | 370 → ☐ | 490 → ☐ | 615 → ☐ |
| 230 → ☐ | 255 → ☐ | 340 → ☐ | 784 → ☐ |

5 Welcher Hunderter ist näher?

260 → ☐	426 → ☐	744 → ☐	608 → ☐
430 → ☐	647 → ☐	582 → ☐	719 → ☐
870 → ☐	388 → ☐	941 → ☐	880 → ☐

6 Reichen 10 DM für diesen Einkauf?

Überschlage: 2 DM + _____

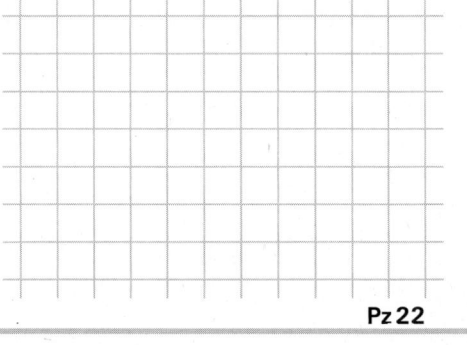

Rechne genau:

Pz 22

44   zu Seite 73

Sachaufgaben – Überschlag

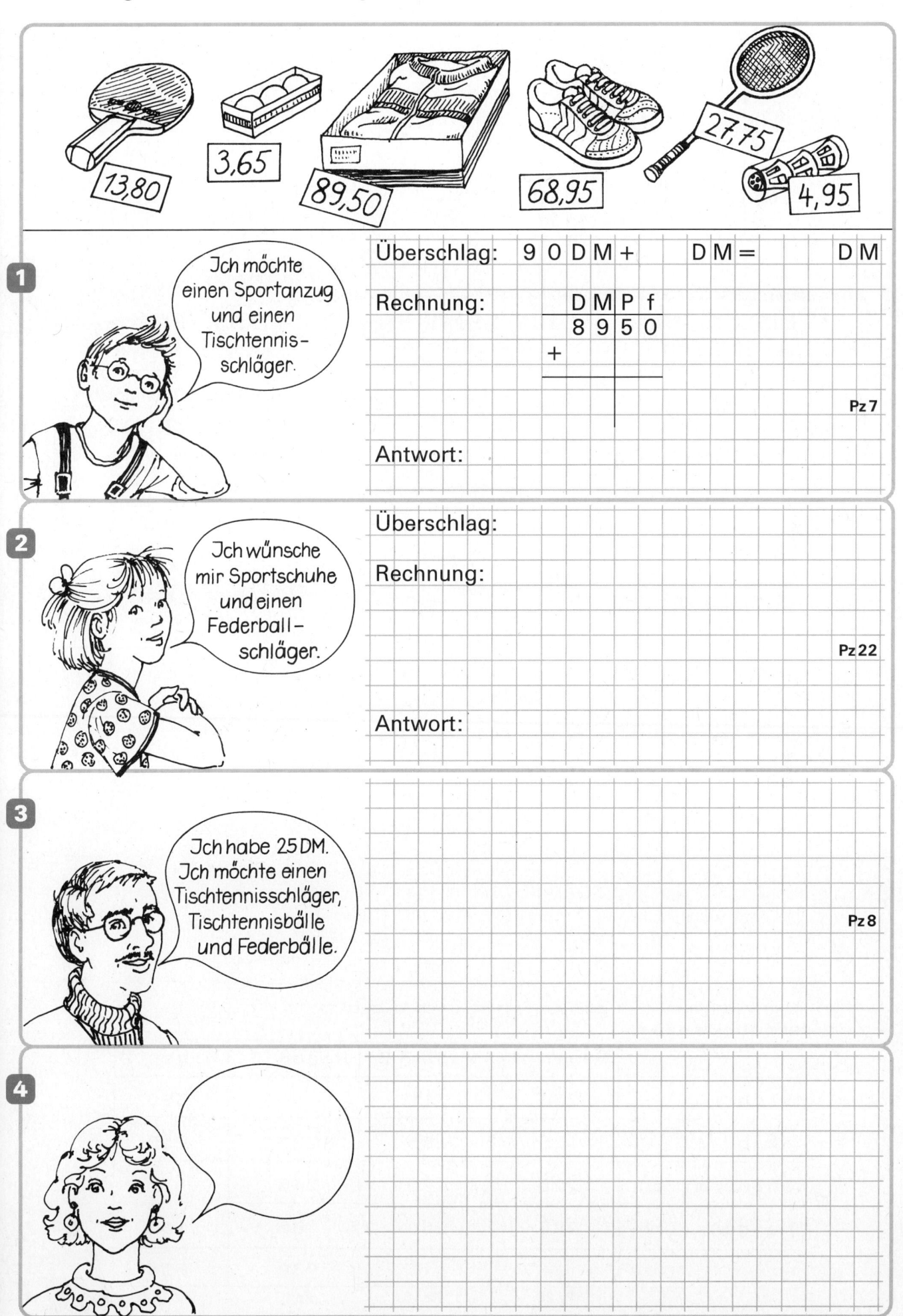

Tischtennisschläger 13,80
Tischtennisbälle 3,65
Sportanzug 89,50
Sportschuhe 68,95
Federballschläger 27,75
Federbälle 4,95

1 *Ich möchte einen Sportanzug und einen Tischtennisschläger.*

Überschlag: 90 DM +   DM =   DM

Rechnung:
```
  D M P f
  8 9 5 0
+
```

Pz 7

Antwort:

2 *Ich wünsche mir Sportschuhe und einen Federballschläger.*

Überschlag:

Rechnung:

Pz 22

Antwort:

3 *Ich habe 25 DM. Ich möchte einen Tischtennisschläger, Tischtennisbälle und Federbälle.*

Pz 8

4

zu Seite 74

Sachaufgaben

1 Berechne die Schülerzahlen.

Schule Bergen:

Schuljahr	1	2	3	4
Mädchen	37	34	52	
Jungen	29	27		55
			101	111

Schule Grüntal:

Schuljahr	1	2	3	4
Mädchen	27		33	
Jungen		31		28
	51	65	59	67

Zahlen im Kreis: 49, 66, 39, 61, 24, 26, 34, 56

2 Wir räumen unser Lager!

Preissenkung um 145 DM
- Elektroherd 520,- jetzt:
- Gefriertruhe 615,- jetzt:
- Wäschetrockner 988,- jetzt:
- Waschautomat 956,- jetzt:

Preissenkung um 85 DM
- S-W Fernseher 326,- jetzt:
- Stereo-Anlage 295,- jetzt:
- Kassettendeck 198,- jetzt:
- Plattenspieler 309,- jetzt:

Preissenkung um 175 DM
- Geschirrspüler 930,- jetzt:
- Gefrierschrank 728,- jetzt:
- Videogerät 998,- jetzt:
- CD-Player 786,- jetzt:

3 Milchzentrale Neustadt
Warenausgabe

	Wagen 1	Wagen 2	Wagen 3	Wagen 4
Milch	250	315		320
Kakao	175	185	275	215
Bananenmilch	225	175	215	
Orangenmilch	225	250	85	165
			930	855
	Pz 20	Pz 16	Pz 13	Pz 11

Gramm und Kilogramm

1 Die Kinder stellen fest, wieviel ihr Geld wiegt:

So viel wiegt eine Münze:
1-Pf-Stück 2 g
2-Pf-Stück 3 g
5-Pf-Stück 3 g
10-Pf-Stück 4 g
50-Pf-Stück 3 g
1-DM-Stück 5 g
2-DM-Stück 7 g
5-DM-Stück 10 g

	5 DM	2 DM	1 DM	50 Pf	10 Pf	5 Pf	2 Pf	1 Pf	Gewicht
Mario				2	4	1	3	5	g
Ingo		1	1		3	2	5	1	
Ina	1			3	5	1	3	3	
Myriam		1	2		3	2	5	6	
Julia	1		3	1	2	3		6	

2 Mutter hat eingekauft; wie schwer muß sie tragen?

(3 kg, 750 g, 250 g Butter, 250 g, 250 g, 350 g, 1 Liter, 1 Liter, 2 kg)

"1 Liter Milch wiegt 1 kg."

3 kg +   +   =

3

(Gewichtssatz: 500 g, 200 g, 100 g, 100 g, 50 g, 20 g, 10 g, 10 g, 5 g, 2 g, 2 g, 1 g)

Welche Gewichte aus dem Gewichtssatz braucht man jeweils?

345 g = 200 g + 100 g + _____
387 g = _____
416 g = _____
623 g = _____
735 g = _____
798 g = _____
987 g = _____

4 Was paßt zusammen?   Verbinde.

| 1 Apfel | 1 Pferd | Herr Meier | Tines Schulranzen | 1 Eimer Wasser | Tim | 1 Ei |

| 1000 kg | 85 kg | 120 g | 2 kg 600 g | 10 kg | 70 g | 32 kg |

zu Seite 78

47

Kilogramm und Tonne

1

4 t (Wohnmobil) 1 t (PKW) 3 t (Traktor) 20 t (LKW) Fähre 32 t

a) Auf der Fähre befinden sich schon ein Lastwagen und ein Traktor. Ein Wohnmobil und 8 Personenwagen warten. Dürfen alle mit?

R.: _____
A.: _____
_____

b) Auf der Rückfahrt wollen 2 Wohnmobile und 5 PKW übergesetzt werden. Ein LKW kommt noch dazu. Darf der LKW noch mitbefördert werden?

R.: _____
A.: _____

2 Ergänze auf 1 Tonne:

740 kg + _____ kg = 1 t   585 kg + _____ kg = 1 t
690 kg + _____ kg = 1 t   365 kg + _____ kg = 1 t
905 kg + _____ kg = 1 t   498 kg + _____ kg = 1 t
988 kg + _____ kg = 1 t   777 kg + _____ kg = 1 t
870 kg + _____ kg = 1 t   605 kg + _____ kg = 1 t

223 130 635
  310
260 415
12 95
395 502

1 Tonne

3 Ein Lastwagen soll die Kisten zum Bahnhof fahren. Er darf 3 t 500 kg laden.

F.: _____

R.: _____
_____
_____

A.: _____
_____

48   zu Seite 79

Liter

1 Florian und seine kleine Schwester Annika helfen Vater oft beim Gießen im Garten.

Stelle fest, wieviel Liter Wasser
a) täglich
b) in einer Woche
gegossen worden sind.

	Annika 3 l	Florian 5 l	Vater 15 l	Liter
Mo	1	2	2	
Di	–	3	3	
Mi	2	–	4	
Do	2	3	1	
Fr	–	4	2	
Sa	3	3	3	
So	2	2	4	
			zusammen	

2 Berechne für jede Familie den Getränkeverbrauch einer Woche.
Trage in diese Tabelle ein und rechne:

	1 l (Apfelsaft)	halber Liter (Milch)	viertel Liter (Kakao)	Liter
Familie Schwarz				
Familie Müller				
Familie Gärtner				

Schwarz: Wir verbrauchen in einer Woche 4 Flaschen Saft und 6 Tüten Milch.

Müller: Bei uns sind es 2 Flaschen Saft, 5 Tüten Milch und 6 Tüten Kakao.

Gärtner: Wir trinken nur Milch und Kakao: 8 Tüten Milch und 10 Tüten Kakao.

3 halber Liter   viertel Liter

Denke dir verschiedene Möglichkeiten aus, um den Kanister mit den Meßbechern zu füllen. Überlege. Notiere in der Tabelle.

1 l	½ l	¼ l	5 l
5	–	–	5 l
	3	2	5 l
			5 l
			5 l
			5 l
			5 l
			5 l
			5 l
			5 l

zu Seite 80/81

Vielfache und Teiler

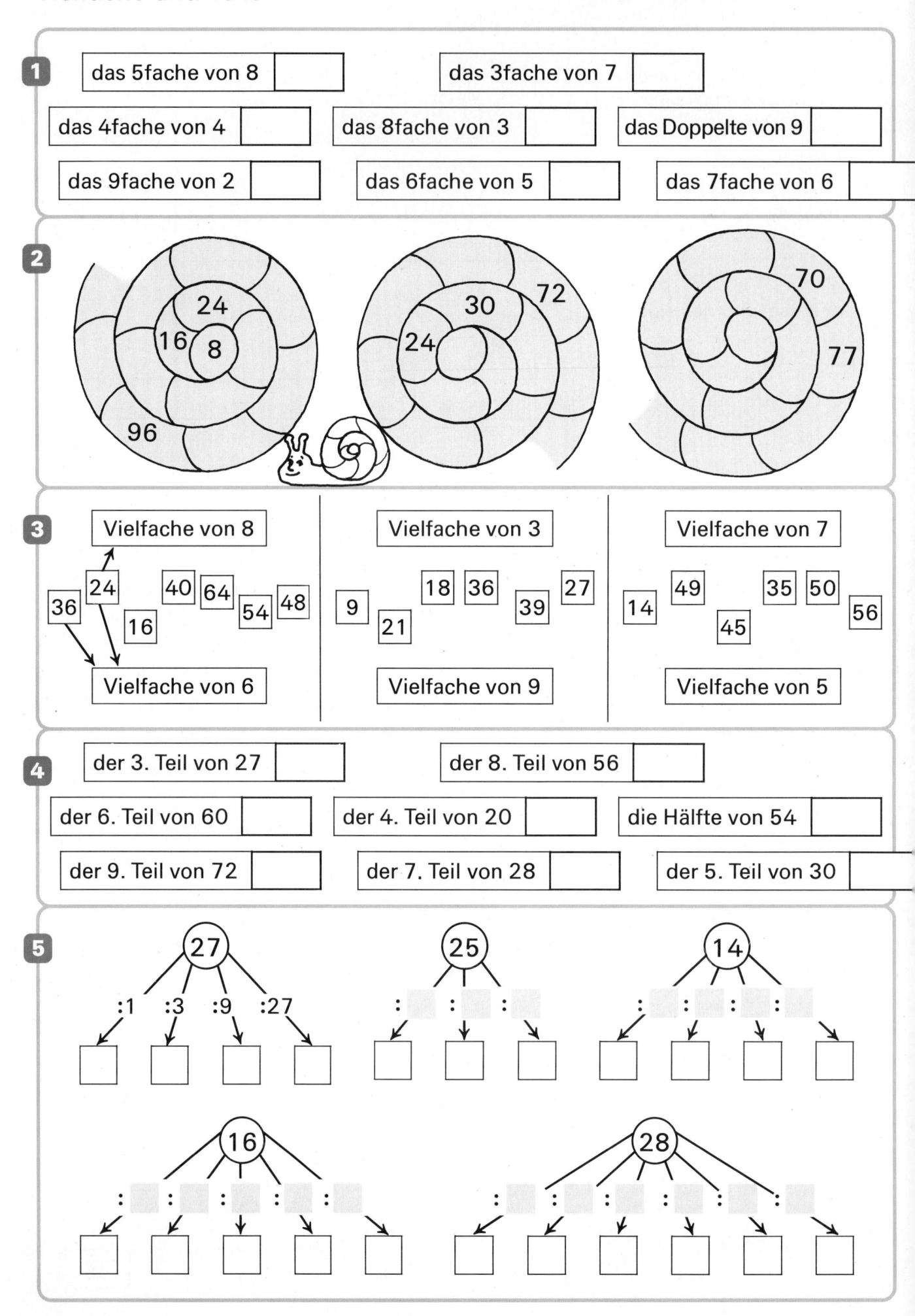

1
- das 5fache von 8 ☐
- das 3fache von 7 ☐
- das 4fache von 4 ☐
- das 8fache von 3 ☐
- das Doppelte von 9 ☐
- das 9fache von 2 ☐
- das 6fache von 5 ☐
- das 7fache von 6 ☐

2 (Schnecken mit Zahlen: 24, 16, 8, 96 / 30, 72, 24 / 70, 77)

3
- Vielfache von 8 / Vielfache von 6: 36, 24, 40, 64, 54, 48, 16
- Vielfache von 3 / Vielfache von 9: 9, 18, 36, 27, 39, 21
- Vielfache von 7 / Vielfache von 5: 14, 49, 35, 50, 45, 56

4
- der 3. Teil von 27 ☐
- der 8. Teil von 56 ☐
- der 6. Teil von 60 ☐
- der 4. Teil von 20 ☐
- die Hälfte von 54 ☐
- der 9. Teil von 72 ☐
- der 7. Teil von 28 ☐
- der 5. Teil von 30 ☐

5
- 27: :1, :3, :9, :27
- 25: :☐, :☐, :☐
- 14: :☐, :☐, :☐, :☐
- 16: :☐, :☐, :☐, :☐, :☐
- 28: :☐, :☐, :☐, :☐, :☐, :☐

Malnehmen mit einer Zehnerzahl

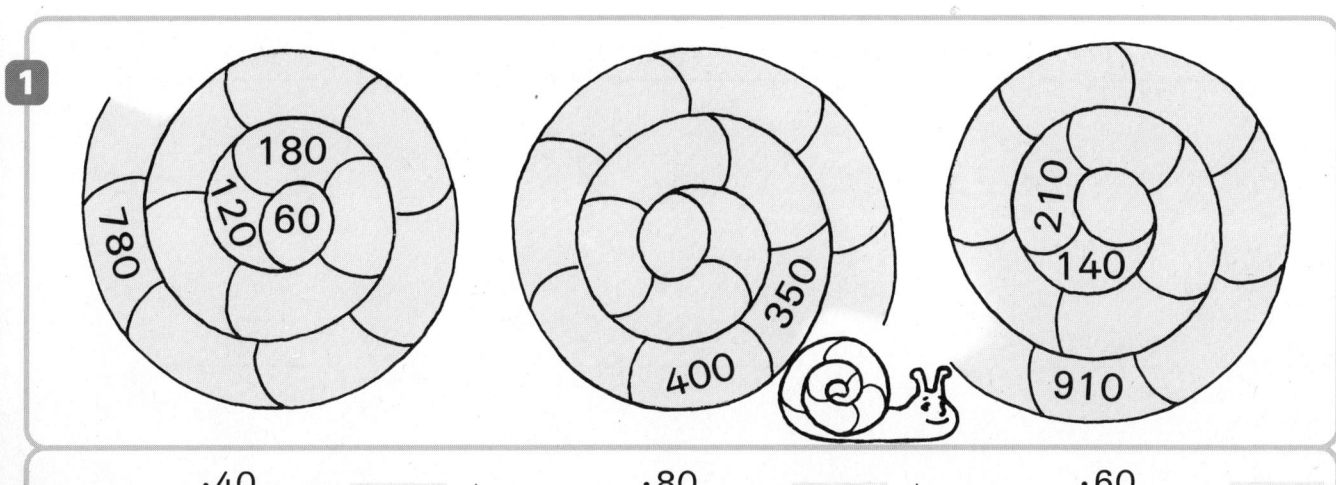

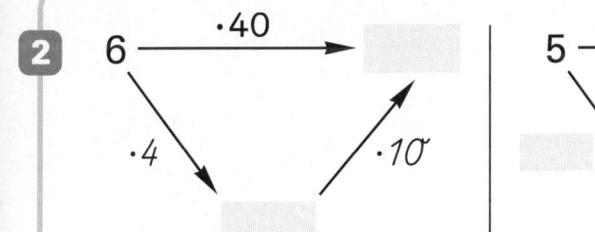

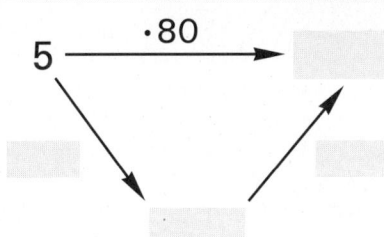

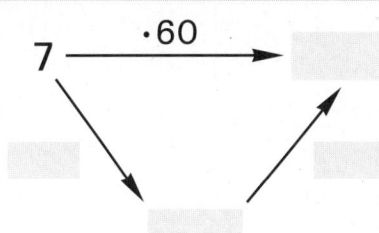

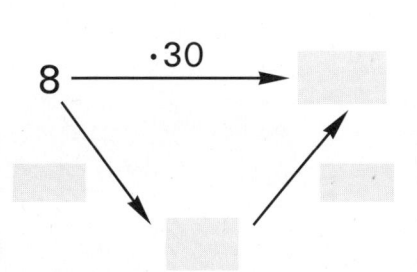

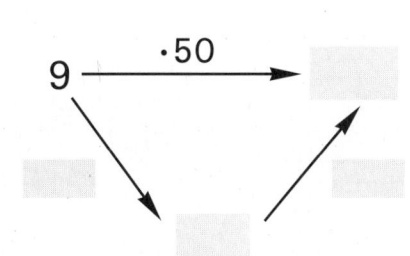

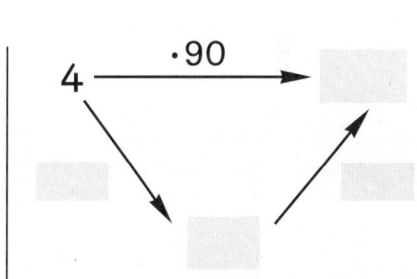

1 Schnecken mit Zahlen: 780, 120, 180, 60 / 400, 350 / 910, 140, 210

2

6 · 40 = ___, 6 · 4 = ___, 6 · 10 = ___
5 · 80 = ___
7 · 60 = ___
8 · 30 = ___
9 · 50 = ___
4 · 90 = ___

3

3 · 50 =	6 · 70 =	3 · 90 =	8 · 40 =
50 · 3 =	70 · ☐ =		
5 · 30 =	7 · 60 =		
30 · 5 =	60 · ☐ =		

4 Rechne. Ordne die Ergebnisse nach der Größe. Beginne mit der größten Zahl. Die Buchstaben ergeben in der richtigen Reihenfolge ein Lösungswort.

U | 7 · 90
E | 8 · 40
K | 70 · 5
K | 7 · 70
N | 90 · 5
C | 40 · 9
N | 9 · 80
S | 8 · 70
S | 9 · 60
R | 90 · 3
A | 60 · 7

Lösungswort: ☐☐☐☐☐☐☐☐☐☐☐

zu Seite 83   51

Teilen durch eine Zehnerzahl

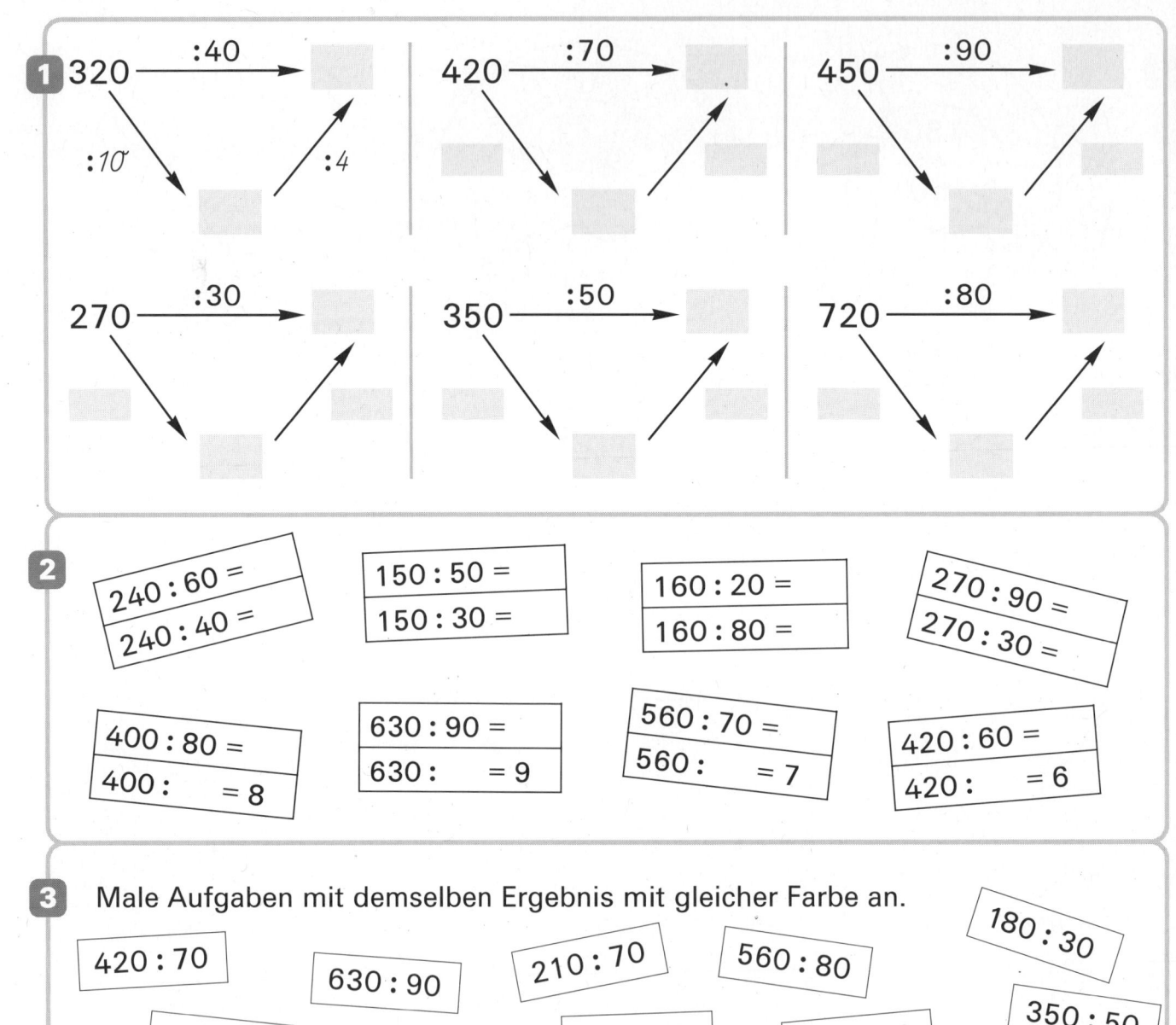

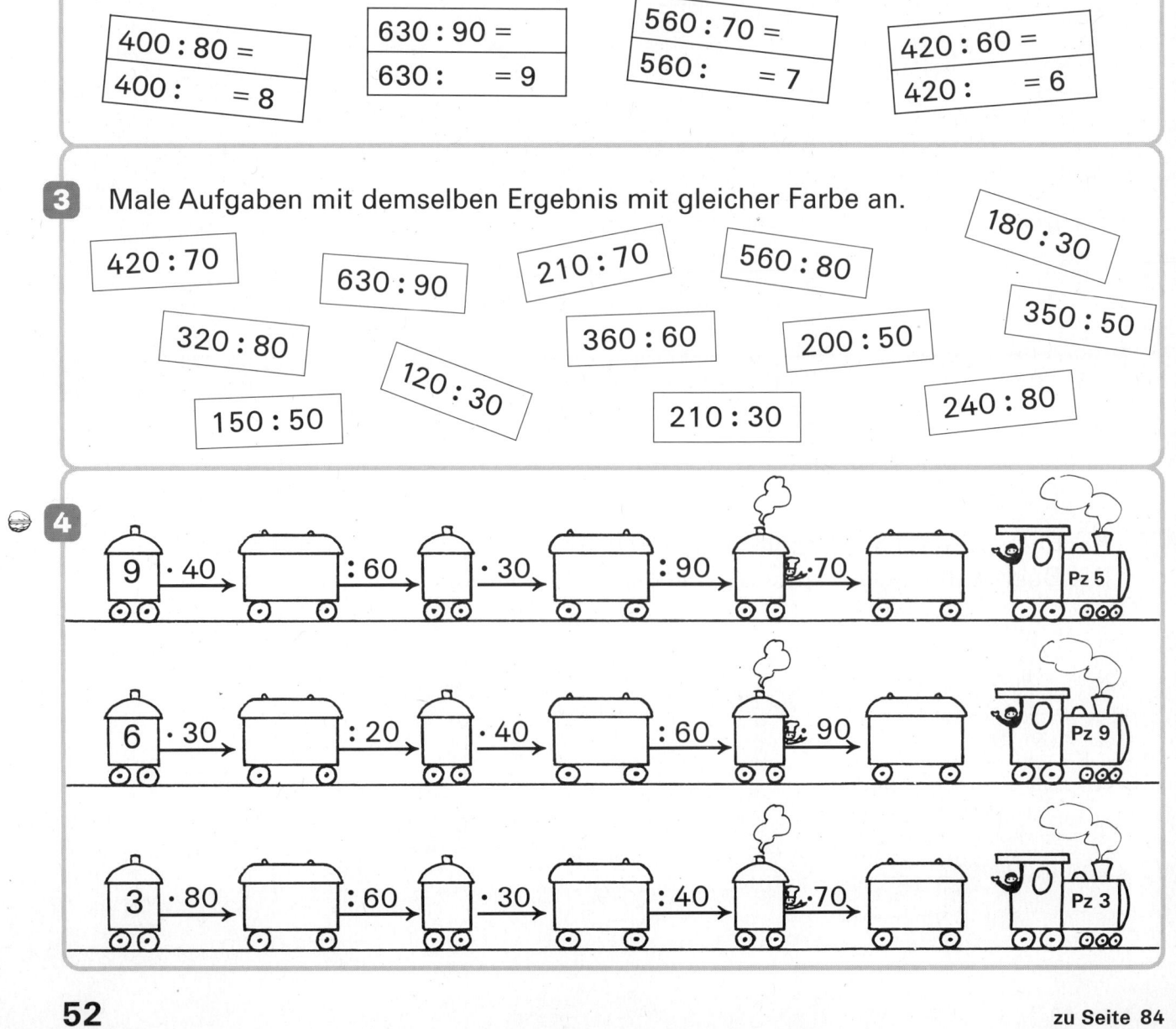

1
320 —:40→ ☐   420 —:70→ ☐   450 —:90→ ☐
:10 ↘ ↗ :4

270 —:30→ ☐   350 —:50→ ☐   720 —:80→ ☐

2
240 : 60 =
240 : 40 =

150 : 50 =
150 : 30 =

160 : 20 =
160 : 80 =

270 : 90 =
270 : 30 =

400 : 80 =
400 : = 8

630 : 90 =
630 : = 9

560 : 70 =
560 : = 7

420 : 60 =
420 : = 6

3 Male Aufgaben mit demselben Ergebnis mit gleicher Farbe an.

420 : 70   630 : 90   210 : 70   560 : 80   180 : 30

320 : 80   360 : 60   200 : 50   350 : 50

150 : 50   120 : 30   210 : 30   240 : 80

4
9 · 40 → : 60 → · 30 → : 90 → · 70 → Pz 5

6 · 30 → : 20 → · 40 → : 60 → · 90 → Pz 9

3 · 80 → : 60 → · 30 → : 40 → · 70 → Pz 3

Teilen durch eine Einerzahl

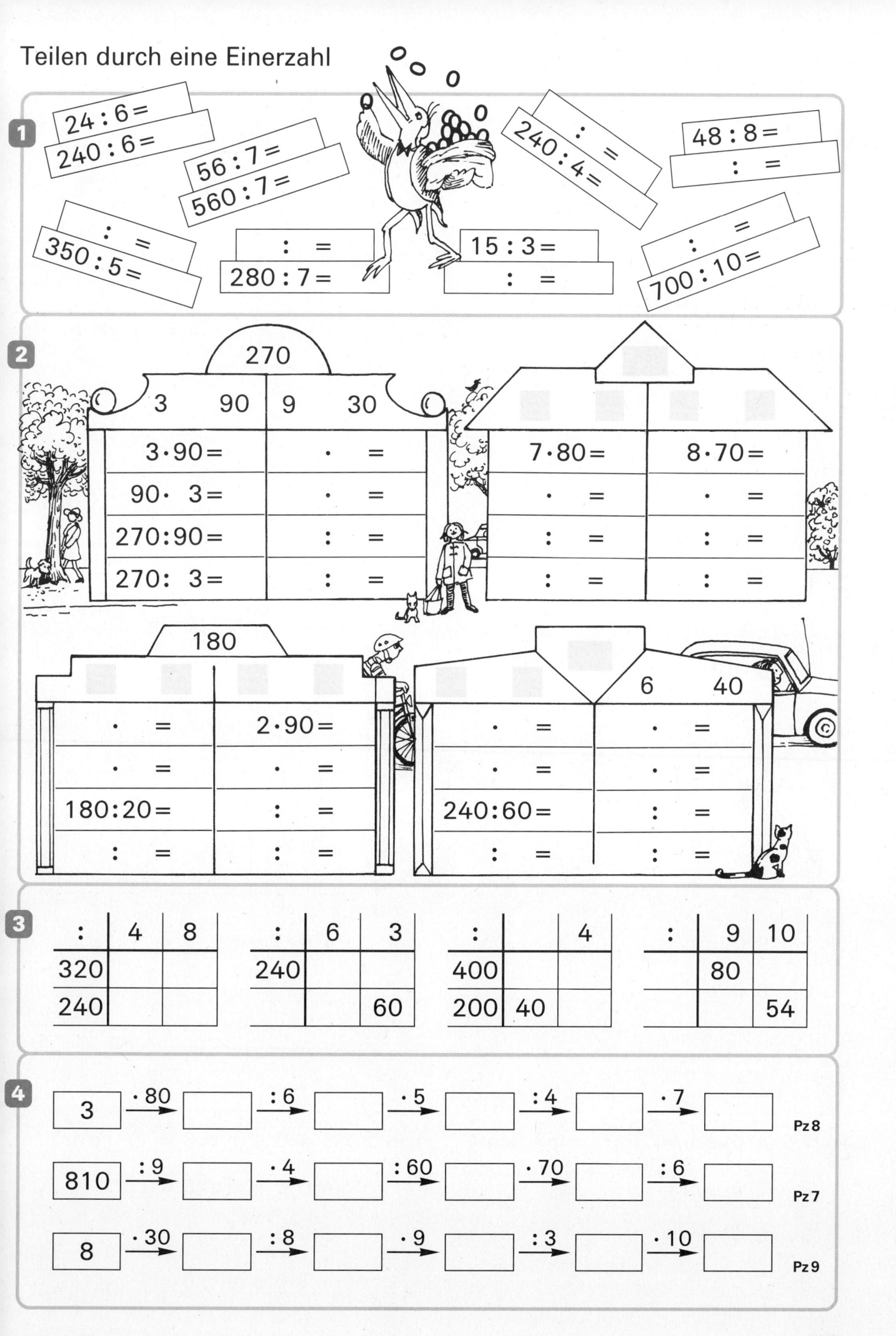

1
- 24 : 6 =
- 240 : 6 =
- 56 : 7 =
- 560 : 7 =
- 240 : __ : 4 =
- 48 : 8 =
- __ : __ =
- 350 : 5 = __ : __ =
- __ : __ = 280 : 7 =
- 15 : 3 = __ : __ =
- __ : __ = 700 : 10 =

2

270

3	90	9	30
3 · 90 =	· =	7 · 80 =	8 · 70 =
90 · 3 =	· =	· =	· =
270 : 90 =	: =	: =	: =
270 : 3 =	: =	: =	: =

180

· =	2 · 90 =	· =	· =
· =	· =	· =	· =
180 : 20 =	: =	240 : 60 =	: =
: =	: =	: =	: =

6   40

3

:	4	8
320		
240		

:	6	3
240		
		60

:		4
400		
200	40	

:	9	10
	80	
		54

4

3 →·80→ ☐ →:6→ ☐ →·5→ ☐ →:4→ ☐ →·7→ ☐   Pz 8

810 →:9→ ☐ →·4→ ☐ →:60→ ☐ →·70→ ☐ →:6→ ☐   Pz 7

8 →·30→ ☐ →:8→ ☐ →·9→ ☐ →:3→ ☐ →·10→ ☐   Pz 9

Größen malnehmen und teilen

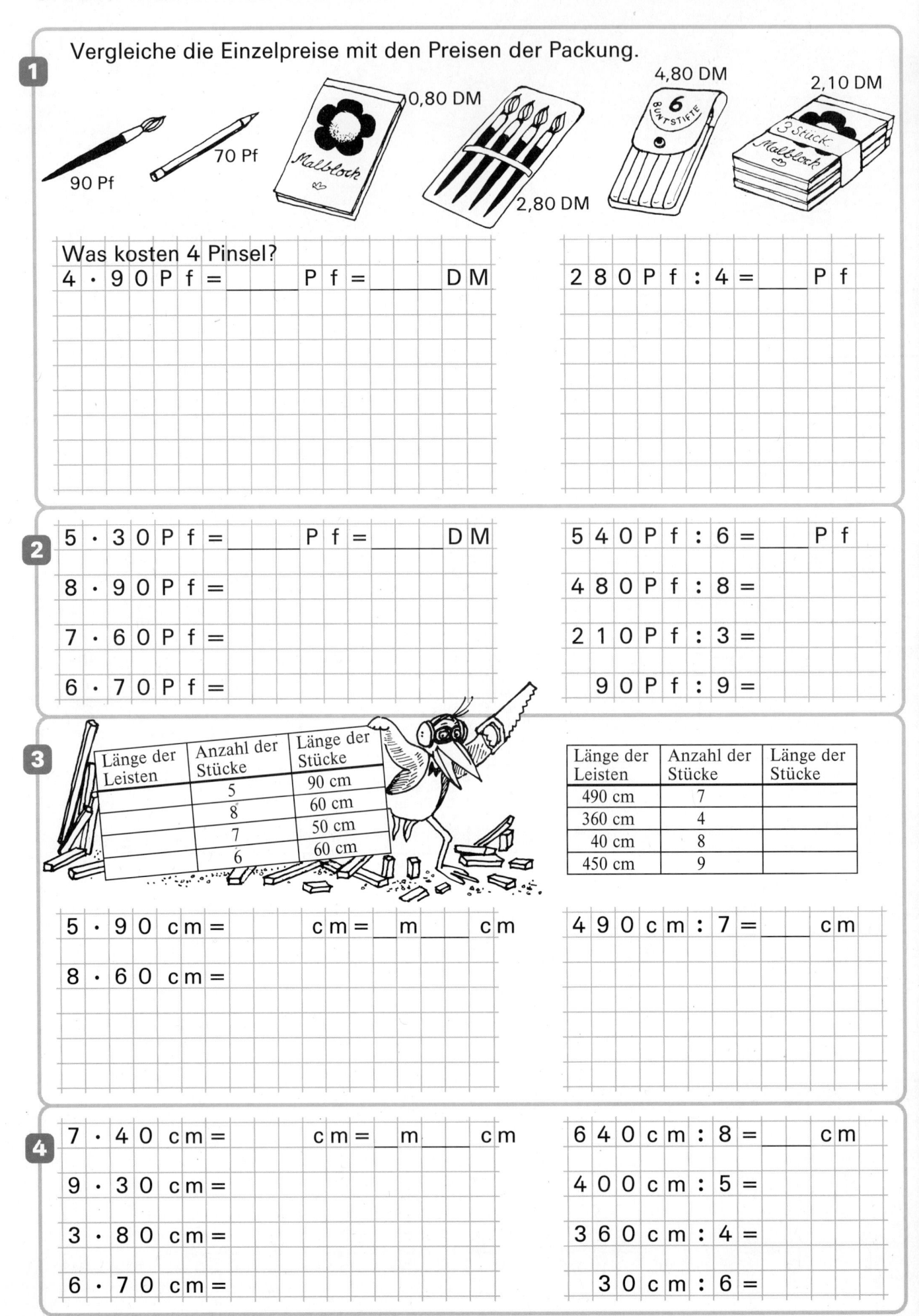

1 Vergleiche die Einzelpreise mit den Preisen der Packung.

90 Pf, 70 Pf, 0,80 DM, 2,80 DM, 4,80 DM, 2,10 DM

Was kosten 4 Pinsel?
4 · 90 Pf = ___ Pf = ___ DM

280 Pf : 4 = ___ Pf

2
5 · 30 Pf = ___ Pf = ___ DM
8 · 90 Pf =
7 · 60 Pf =
6 · 70 Pf =

540 Pf : 6 = ___ Pf
480 Pf : 8 =
210 Pf : 3 =
90 Pf : 9 =

3

Länge der Leisten	Anzahl der Stücke	Länge der Stücke
5		90 cm
8		60 cm
7		50 cm
6		60 cm

Länge der Leisten	Anzahl der Stücke	Länge der Stücke
490 cm	7	
360 cm	4	
40 cm	8	
450 cm	9	

5 · 90 cm = ___ cm = ___ m ___ cm
8 · 60 cm =

490 cm : 7 = ___ cm

4
7 · 40 cm = ___ cm = ___ m ___ cm
9 · 30 cm =
3 · 80 cm =
6 · 70 cm =

640 cm : 8 = ___ cm
400 cm : 5 =
360 cm : 4 =
30 cm : 6 =

Zweistellige Zahlen malnehmen – Durch einstellige Zahlen teilen

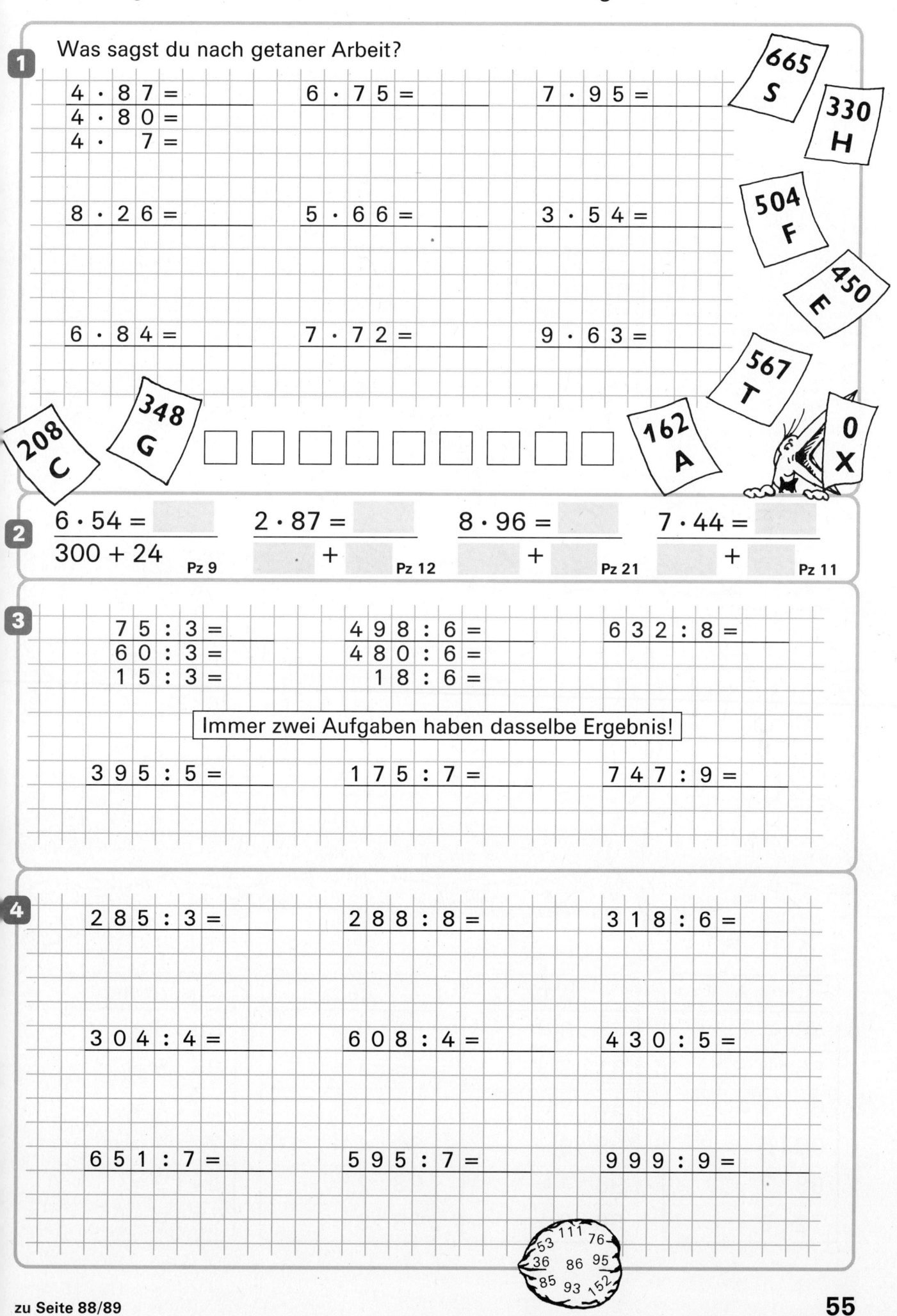

1 Was sagst du nach getaner Arbeit?

4 · 87 =   6 · 75 =   7 · 95 =
4 · 80 =
4 · 7 =

8 · 26 =   5 · 66 =   3 · 54 =

6 · 84 =   7 · 72 =   9 · 63 =

Kärtchen: 665 S | 330 H | 504 F | 450 E | 567 T | 162 A | 0 X | 208 C | 348 G

2
6 · 54 = ___   2 · 87 = ___   8 · 96 = ___   7 · 44 = ___
300 + 24   + Pz 12   + Pz 21   + Pz 11
Pz 9

3
75 : 3 =   498 : 6 =   632 : 8 =
60 : 3 =   480 : 6 =
15 : 3 =   18 : 6 =

Immer zwei Aufgaben haben dasselbe Ergebnis!

395 : 5 =   175 : 7 =   747 : 9 =

4
285 : 3 =   288 : 8 =   318 : 6 =

304 : 4 =   608 : 4 =   430 : 5 =

651 : 7 =   595 : 7 =   999 : 9 =

Zahlen: 111, 53, 76, 36, 86, 95, 85, 93, 152

zu Seite 88/89

Malnehmen und teilen

Male die Ergebnisfelder mit den angegebenen Farben aus.

braun	blau	grün	gelb
5 · 11 =	7 · 19 =	6 · 39 =	3 · 99 =
8 · 17 =	3 · 15 =	9 · 24 =	8 · 43 =
4 · 16 =	5 · 18 =	4 · 58 =	5 · 87 =
9 · 12 =	9 · 14 =	8 · 76 =	7 · 28 =
6 · 13 =	8 · 12 =	5 · 65 =	9 · 51 =
8 · 16 =	6 · 17 =	7 · 85 =	6 · 47 =

rot	blau	gelb	schwarz
48 : 4 =	78 : 6 =	81 : 9 =	56 : 8 =
85 : 5 =	81 : 3 =	75 : 3 =	95 : 5 =
69 : 3 =	56 : 2 =	96 : 6 =	37 : 1 =
90 : 6 =	99 : 9 =	80 : 4 =	72 : 4 =
98 : 7 =	96 : 4 =	98 : 2 =	54 : 9 =
72 : 9 =	66 : 3 =	78 : 3 =	45 : 9 =

zu Seite 88/89

Teilen mit Rest

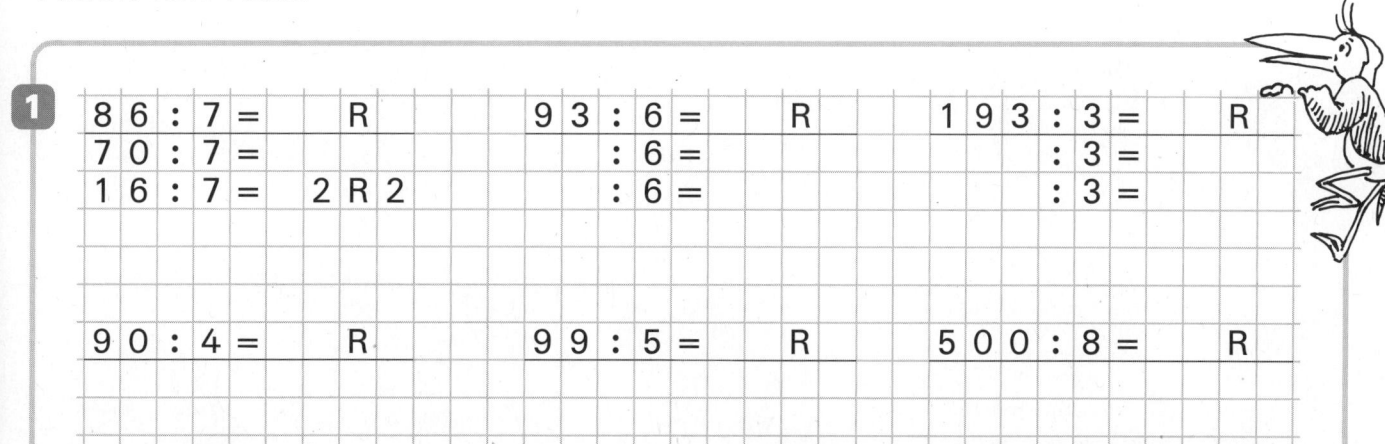

1

86 : 7 = R	93 : 6 = R	193 : 3 = R
70 : 7 =	: 6 =	: 3 =
16 : 7 = 2 R 2	: 6 =	: 3 =

| 90 : 4 = R | 99 : 5 = R | 500 : 8 = R |

2 Wie heißen die Rechenaufgaben?

a) ☐ : 7 = 14
b) ☐ : 4 = 23
c) ☐ : 2 = 43
d) ☐ : 2 = 43 R 1
e) ☐ : 6 = 12 R 5
f) ☐ : 9 = 10 R 8
g) ☐ : 3 = 25 R 2
h) ☐ : 5 = 19 R 3
i) ☐ : 8 = 67 R 4
j) ☐ : 8 = 12 R 3
k) ☐ : 9 = 11 R 1

3 Einst hatten 4 Söhne 33 Kamele geerbt. Da sie sich über die gerechte Verteilung des Erbes nicht einigen konnten, fragten sie einen weisen Mann. „Gebt mir ein Kamel, dann hat euer Streit ein Ende", war seine Antwort.

F.: _____
R.: _____
A.: _____

4 *Hier machst du deine eigene Rechengeschichte:*

Einst hatten ☐ Söhne _____ geerbt. Da sie sich über die gerechte Verteilung des Erbes nicht einigen konnten, fragten sie einen weisen Mann. „Gebt mir _____, dann hat euer Streit ein Ende", war seine Antwort.

F.: _____
R.: _____
A.: _____

5

72 : 30 = R	510 : 80 = R	300 : 70 = R
60 : 30 =	: 80 =	: 70 =

zu Seite 90

Sachaufgaben in Tabellen

1

Stück 80 Pf, 6 Stück 4,50 DM

Ich hätte gern 4 Apfelsinen.

Ich brauche 6 Apfelsinen.

Apfelsinen:

Anzahl	1	2	3	4	5	6
Preis	80 Pf	1,60 DM	DM	DM	DM	DM

Preistabelle für Pfirsiche:

Anzahl	1	2	3	4	5	6
Preis	65 Pf					

2

Rosen   Stück 2,10
Margeriten St. 1,20
Tulpen   St. 0,80
Nelken   St. 1,10
Narzissen St. 0,70

Nelken

Anzahl	Preis
1	1,10 DM
6	

Narzissen

Anzahl	Preis
1	0,70 DM
9	

Margeriten

Anzahl	Preis
1	
7	

Rosen

Anzahl	Preis
1	
5	

Tulpen

Anzahl	Preis
1	
6	

3

Wurst	Preis
100 g	1,60 DM
200 g	DM

Äpfel	Preis
1	90 Pf
4	DM

Saft	Preis
1 Fl.	1,30 DM
3 Fl.	DM

Milch	Preis
1 Fl.	1,15 DM
4 Fl.	DM

Bier	Preis
4 Fl.	3,20 DM
12 Fl.	DM

Käse	Preis
100 g	2,40 DM
50 g	DM

Spiegeln

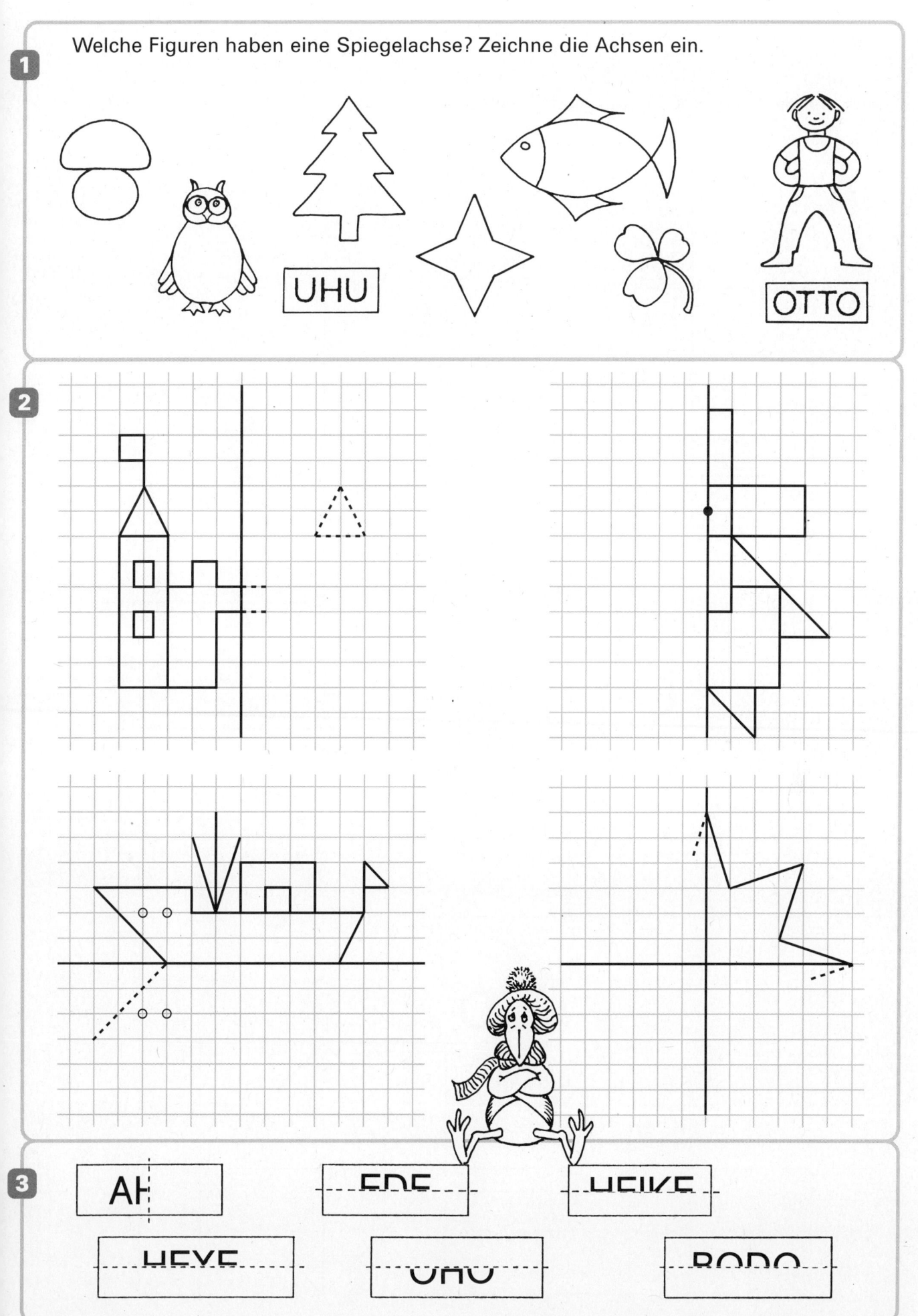

1 Welche Figuren haben eine Spiegelachse? Zeichne die Achsen ein.

2

3 AH EDE HEIKE

HEXE UHU BODO

zu Seite 99

Figuren legen

Lege mit den Plättchen jede Figur und ihr Spiegelbild.
Zeichne die Spiegelbilder und male die Figuren farbig aus.

A

B

C

D

60 zu Seite 100

Flächen auslegen

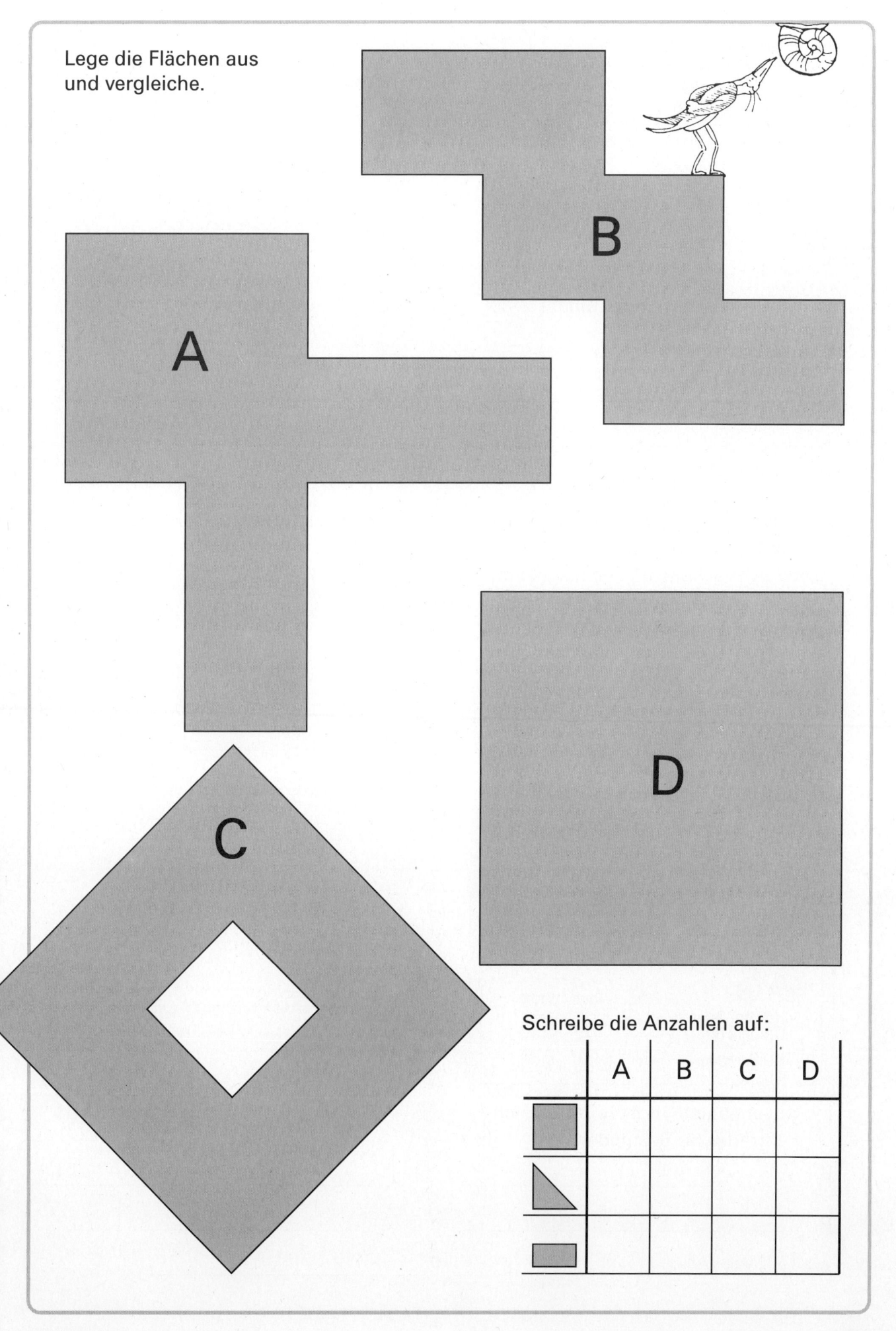

Lege die Flächen aus und vergleiche.

A

B

C

D

Schreibe die Anzahlen auf:

	A	B	C	D

zu Seite 101

Sachaufgaben

1

Morgen fahren wir mit dem Bus nach Stetten. Zurück wandern wir.

*Erwachsene 8,40 DM
Kinder 4,50 DM*

Berechne die Fahrpreise:

a) 2 Erwachsene

R.: _____

A.: _____

Pz 15

b) 1 Erwachsener und 2 Kinder

R.: _____

A.: _____

Pz 12

c) 2 Erwachsene und 1 Kind

R.: _____

A.: _____

Pz 6

2

a) Hendrik führt ein Wanderbuch. Dort trägt er alle gewanderten Strecken ein. In der ersten Woche waren es insgesamt 38 km, in der zweiten Woche 46 km und in der dritten 59 km.   Pz 8

F.: _____

R.: _____

A.: _____

b) *Bei 150 km bekomme ich das goldene Wander-Abzeichen.*

F.: _____

R.: _____

A.: _____

3

Fahrradverleih

	3 Std.	Tag	Woche
Herren- oder Damenrad:	5 DM	14 DM	80 DM
Kinderräder:	4 DM	12 DM	60 DM

a) Susanne und Thomas leihen sich Fahrräder für 6 Stunden.   Pz 7

F.: _____

R.: _____

A.: _____

b) Herr Weber leiht für sich und seine drei Kinder Fahrräder für 2 Tage.   Pz 1

F.: _____

R.: _____

A.: _____

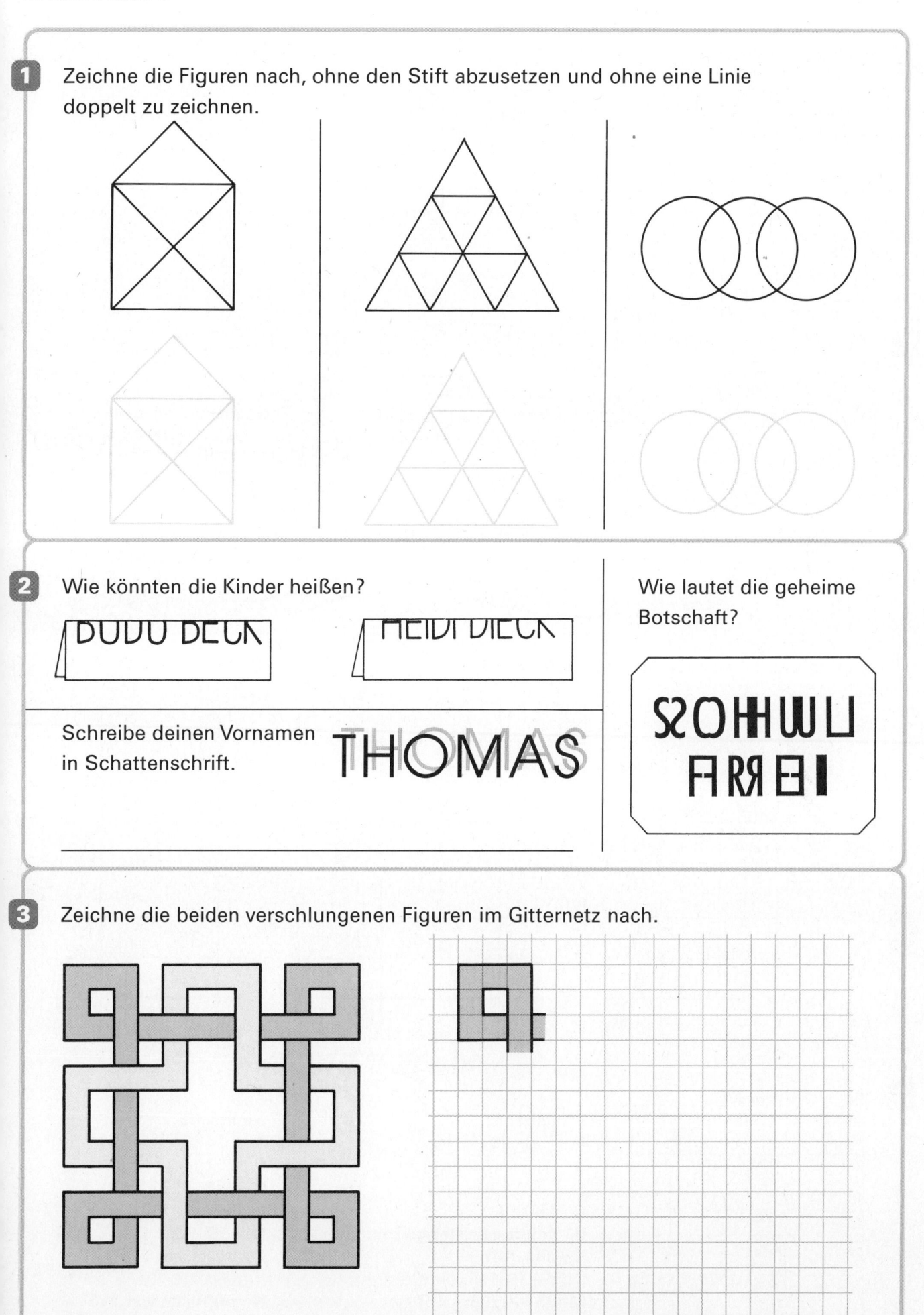

Knacknüsse

1 Zeichne die Figuren nach, ohne den Stift abzusetzen und ohne eine Linie doppelt zu zeichnen.

2 Wie könnten die Kinder heißen?

DUDU DECK   HEIDI DIECK

Schreibe deinen Vornamen in Schattenschrift.

THOMAS

Wie lautet die geheime Botschaft?

SCHULI FREI

3 Zeichne die beiden verschlungenen Figuren im Gitternetz nach.

63

Knacknüsse

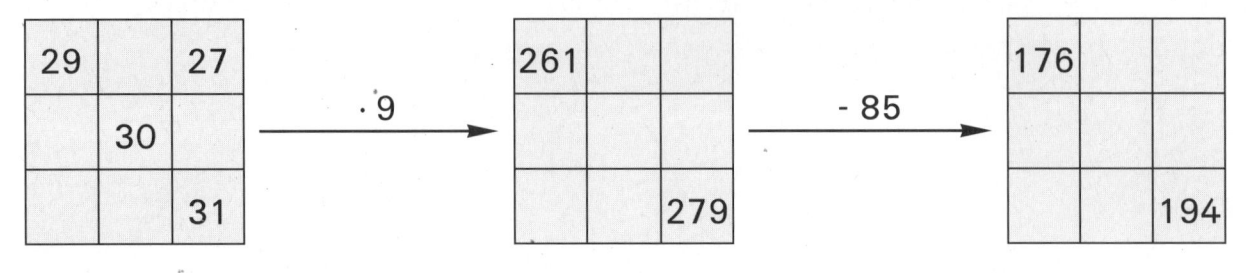

1 Zauberquadrate

29		27
	30	
		31

·9 →

261		
		279

− 85 →

176		
		194

Immer 90

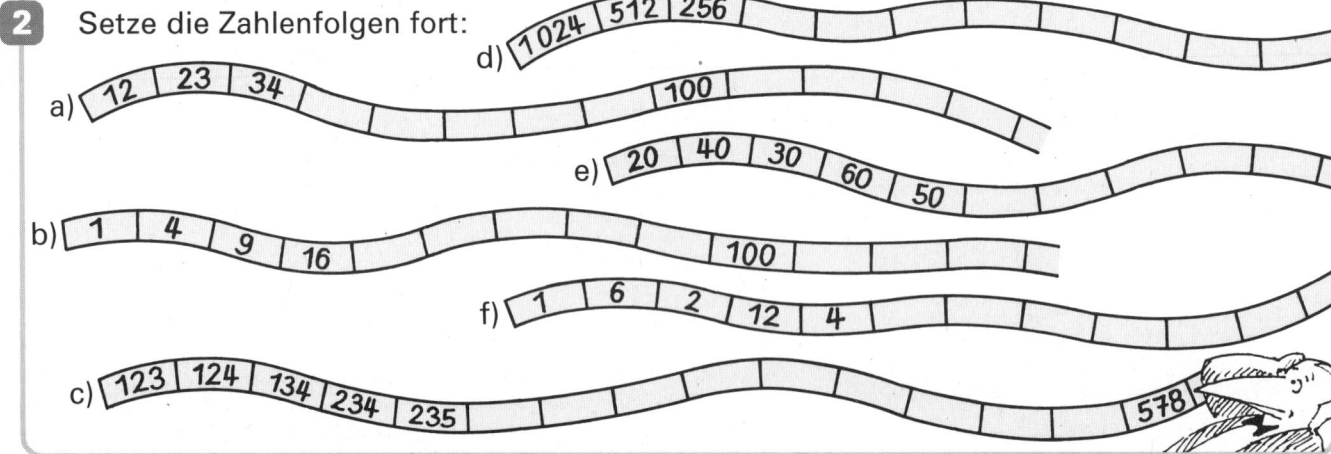

2 Setze die Zahlenfolgen fort:

a) 12, 23, 34, …

b) 1, 4, 9, 16, … 100

c) 123, 124, 134, 234, 235, … 578

d) 1024, 512, 256, … 100

e) 20, 40, 30, 60, 50, …

f) 1, 6, 2, 12, 4, …

3 Malnehmen und zusammenzählen.

a)
·	3	6	
4	12 + 24	36
5	15 + 30	45
	27 + 54	81

b)
·	7	8	
5	+		+
6	+		
	+	165

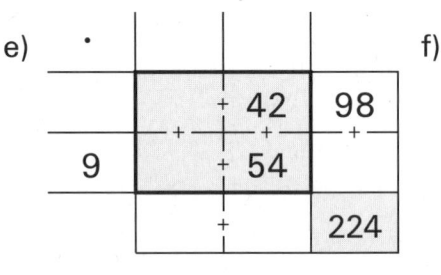

c)
·		9	
4	24 +		+
	+ 81	
	+	195

d)
·	6		
	+ 56	
	30 +	65
	+	169

e)
·			
	+ 42	98
9	+ 54	
	+	224

f)
·		8	
	36 +		+
	24 + 48	
	+	180

4 Kreuzzahlrätsel

waagerecht
- A 8 · 99
- D „kleiner geht's nicht"
- E 7 · 120
- G 480 : 8
- H größte zweistellige Zahl
- K 264 + 486
- L der 10. Teil von 100
- M 857 − 398 − 456

senkrecht
- A 14 · 5
- B 252 : 9
- C 778 + 222
- F 936 − 471
- H 7 · 13
- I Vielfaches von 9 und von 10
- K die Hälfte von 146